WOHNEN UNTER 1.000 EURO

JULIA BALLMAIER
FOTOS VON BRITA SÖNNICHSEN

WOHNEN UNTER 1.000 EURO

GROSSE WOHNIDEEN – KLEINER PREIS

CALLWEY

EINLEITUNG 6

HAPPY MIX 8

AUF DER HOHEN KANTE 14

AUFGEWECKTE KLASSIK 20

DER LENZ IST DA 27

KLEINES RAUMWUNDER IN KORALLE 32

URBAN ETHNO 39

KUNSTKABINETT 44

DISCO MEETS COMIC 50

EULENNEST 59

CROSS-OVER 63

NEW-YORK-LOOK 68

MÄDCHENBUDE 73

BLACK AND WHITE 79

ZU HAUSE IM URLAUB 84

HERREN-BIBLIOTHEK 91

PALETTENWEISE IDEEN 96

KLEINER FUCHSBAU 103

INTENSIV UND GESCHMACKVOLL: MARSALA 109

AUF DIE PLÄTZE, FERTIG, LOS! 114

TAUSENDUNDEINE NACHT 120

VINTAGE MODERN 127

BÄRENHÖHLE 132

VERGNÜGTER HOLLAND-STYLE 138

WOHNGLÜCK MAL ZWEI 142

CHECKLISTE 150

DANK 156

WICHTIGE ADRESSEN 158

IMPRESSUM 160

LIEBES GLÜCK, HIER WOHNE ICH

Eine Prise Flohmarkt, schicke Accessoires, Mut zur Farbe und ein wenig Feingefühl – das ist das Rezept für ein Einrichtungskonzept, das nicht viel kosten darf und trotzdem gemütlich und einladend ist.

Es ist 5:30 Uhr am Sonntagmorgen, der Wecker klingelt. Klingt nach einem Albtraum? Ist aber schöne Realität: Ich darf auf dem Flohmarkt nach Schätzen suchen! Ein paar Minuten im warmen Bett gönne ich mir noch, um meinen Gedanken nachzuhängen. Für meine eigene Wohnung brauche ich nichts mehr, höchstens eine kleine Vase, die geht immer. Nein, ich kaufe für andere ein, denn ich habe die Chance bekommen, bei einem großartigen Projekt mitzuarbeiten: Ich darf 25 Wohneinheiten im „Glückshaus" einrichten, die dann möbliert vermietet werden. Die große Herausforderung dabei: Es darf nicht viel kosten. Als ich dieses Angebot bekam, war ich zunächst sehr unschlüssig. Meine Bedenken waren riesig – wie sollte ich das alles zeitmäßig schaffen? Drei Kinder im Alter zwischen vier und elf, meine Arbeit im Geburtshaus, der Haushalt, das tägliche Bloggen auf meinem Living Blog ... Doch dann siegte mein Gestaltungsdrang und ich willigte ein, diese Aufgabe zu übernehmen. Seitdem bin ich wahnsinnig froh darüber, denn jede neue Wohnung ist für mich wie eine leere Leinwand, die ich bemalen darf. So viele Ideen in meinem Kopf, die ich endlich umsetzen kann! Dass mir hierbei ein knapper zeitlicher wie finanzieller Rahmen vorgegeben wurde, stört mich nicht – im Gegenteil, es spornt mich immer wieder an, erneut auf die Suche zu gehen, um nach unkonventionellen Lösungen zu suchen. Ich bin überzeugt davon, dass schönes Wohnen glücklich macht – und dass jeder es sich leisten kann.

So, es ist Zeit aufzustehen, der Flohmarkt beginnt und damit die Chance auf weitere spannende Funde. Man weiß nie, was einen erwartet. Natürlich gehört auch immer eine Portion Finderglück dazu, aber wenn Sie offen bleiben, dann werden auch Sie zwischen all den unmöglichen Dingen die Perlen finden. Sind Sie nun neugierig geworden? Dann sehen Sie sich in diesem Buch um und finden Sie heraus, was aus meinen unzähligen Flohmarktausflügen geworden ist. Jede einzelne der 25 Wohneinheiten wurde von mir mit Liebe und Enthusiasmus gestaltet. Wie die Menschen, die darin wohnen werden, so sind auch die einzelnen Einrichtungen völlig unterschiedlich geworden. Ein Ziel habe ich dabei immer vor Augen gehabt: demjenigen, der dort einzieht, ein persönliches, gemütliches Zuhause zu schaffen. Und nun wünsche ich mir noch, dass ich Sie inspirieren kann: zum Verwandeln Ihrer Wohnung und zum unermüdlichen Suchen nach kleinen Schätzen, die das Wohnen einfach schön machen.

Ihre Julia Ballmaier

TIPP

Ein alter Rattanhocker oder eine Blumenbank vom Flohmarkt werden zum Sofatisch umfunktioniert. Kombinieren Sie ein schön illustriertes Buch und eine besondere Pflanze dazu, das wertet den Tisch auf und macht ihn zu einem kunstvollen Blickfang.

HAPPY MIX

543,50 Euro

Interieur für 23,9 m²

Ein farbenfrohes Zuhause sorgt für gute Laune. Dieses punktet mit Mustermix und den Farben Türkis, Fuchsia und Weiß. Trauen Sie sich!

Diese Gute-Laune-Wohnung verdankt ihre Farbstimmung einer fröhlich-bunten Tapete der Marke Esprit mit Dreiecken in Türkis, Grau, Weiß und Fuchsia. Gleich beim Betreten des Einzimmerapartments merkt man, dass hier der Name Programm ist: Mustermix und Stilmix geben sich die Hand. Bei einer Haushaltsauflösung fand ich einen fabelhaften 60er-Jahre-Schrank, den ich passend zur Tapete mit grafischen Elementen herausgeputzt habe. Dazu musste ich einfach nur die gewünschte Fläche mit Malerkrepp abkleben und mithilfe einer kleinen Rolle zweimal lackieren.

Wegen der geringen Raumgröße habe ich mich für ein Bettsofa entschieden. Tagsüber kann man darauf behaglich sitzen, nachts kann es auf Wunsch ausgezogen werden. An der Wand hinter dem Bett dient eine Gardinenstange als Halter für Blumentöpfe. Für insgesamt 5,50 Euro habe ich damit eine unkonventionelle Möglichkeit geschaffen, schöne Blumen zu dekorieren oder andere nützliche Utensilien unterzubringen. Ein weißer Schaukelstuhl unterstreicht die heimelige Anmutung. Die Deckenleuchte mit dem türkisen Lampenschirm war eine freudige Entdeckung im Gebrauchtmöbelladen.

Am kleinen, weiß geschlemmten Esstisch stehen Freischwinger von Flötotto. Als kontrastierender Ruhepol zu der bunten Mustertapete wurde die gegenüberliegende Wand monochrom in Curry gestrichen.

Bei den Gardinen wollte ich unbedingt Farbtöne aus der Tapete aufgreifen und habe mich schließlich für Weiß und Fuchsia entschieden. Es ist sehr schwierig, schöne und gleichzeitig günstige Vorhänge aufzutun. Fündig wird man in der Regel im Ikea-Sortiment: Meist handelt es sich um 3 Meter lange Baumwollstoffe, sodass man sie gut für sehr hohe Räume verwenden kann. Bei einer normalen Deckenhöhe muss man sie entsprechend kürzen. Idealerweise hängt man sie bodenlang auf, da dies die Fenster optisch verlängert und insgesamt großzügiger wirkt.

Ein Raum für alles – dies funktioniert gut mit einem Daybed mit Stauraumlösung und liebevollen Details.

Eine coole 60er-Jahre-String-Garderobe. Sie sieht nicht nur klasse aus, sondern ist auch wahnsinnig praktisch, nicht zuletzt wegen der Ablage oben drauf.

Aus dem Reststück von der Küchengardine habe ich noch ein Kissen für den Schaukelstuhl genäht. So wiederholt sich das Muster noch einmal, das wirkt harmonischer und extra Kosten sind auch keine angefallen.

DIY

Farblich angepasst wurde dieser original 60er-Jahre-Schrank. Er hat farbige, geometrische Flächen erhalten und ist ein Stauraumwunder von einer Haushaltsauflösung.

HAPPY MIX

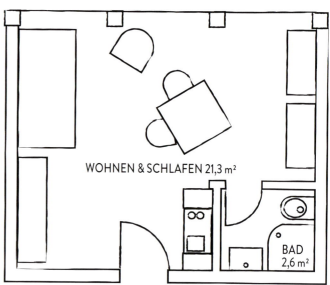

Ein Einraumapartment mit interessantem Schnitt. Betritt man die Wohnung, fällt der Blick zuerst auf das Bett und die Fensterfront. Rechts um die Ecke befindet sich das Bad.

GESAMTBUDGET

KOSTEN: 543,50 EURO **1** Spiegel: Haushaltsauflösung, 3 Euro, **2** Deckenlampe: Grümel Sammelsurium Zentrum, 5 Euro (ähnliche gesehen von Rice über car-Selbstbaumöbel), **3** Gardinenstange „Irja": Ikea, 1,50 Euro, plus Hängetöpfe, ebenfalls Ikea, je 1 Euro, **4** Bettwäsche: Dänisches Bettenlager, 4 Euro, **5** Daybed: Möbelstadt Sommerlad, 199 Euro, **6** Drei Gardinen „Vivan": Ikea, je 15 Euro, **7** Kissen in Haus-Form: Flohmarkt, 4 Euro; übrige Kissen: NKD und Ikea, zusammen 24 Euro, **8** Schaukelstuhl: Haushaltsauflösung, 8 Euro (ähnliche gesehen bei car-Selbstbaumöbel), **9** Zwei Teppiche: KiK, je 2 Euro

10 String-Garderobe: Haushaltsauflösung, 8 Euro (ähnliche gesehen bei Ebay), **11** Tasche an der Garderobe: Möbelstadt Sommerlad, 2 Euro, **12** 60er-Jahre-Sideboard: Haushaltsauflösung, 20 Euro, **13** Pompoms: DIY

14 Buchstaben für „Happy"-Schriftzug an der Wand: Bastelladen, 4 Euro, **15** Tisch „Nornäs": Ikea, 39 Euro, **16** Tischdeko: Flohmarkt, insgesamt 8 Euro, **17** Zwei Flötotto-Stühle: Flohmarkt, je 10 Euro, **18** Kleiderschrank „Aneboda": Ikea, 69 Euro, **19** Kommode „Malm": Ikea, 49 Euro, **20** Stoff für Himbeer-Gardine: Ikea, 2 Euro, **21** Drei Rollen Esprit-Tapete: Farben Felber im Sale, je 7 Euro

Viele bunte Kissen schaffen tagsüber eine prima Sitzgelegenheit. Nachts verschwinden sie in den Bettkästen und ein kuschliges Bett tut sich auf.

AUF DER

878 Euro — Interieur für 37,9 m²

Holzverkleidete Wände sind spießig? Aber nein! Hier wird modern kombiniert — das zaubert ein tolles Flair.

HOHEN KANTE

Total gemütlich wirkt der Essplatz an der warmen Holzwand. Wer sich daran sattgesehen hat, streicht einfach das Holz um.

DIY

Eine Gardinenstange mit Haken bietet die Möglichkeit, Lieblingskarten anzubringen – oder man hängt gleich eine Rolle Papier daran und kann nach Lust und Laune Rezepte, Einkaufspläne oder Sonstiges aufschreiben. Die Stange und die Haken gibt es bei Ikea.

TIPP

Vielleicht haben Sie bereits eine holzverkleidete Wand, die ein wenig in die Jahre gekommen ist? Mit der Zeit dunkelt das naturbelassene Holz nach und eventuell haben Sie sich an der Maserung sattgesehen. Dann sollten Sie zum Pinsel greifen. Mit Hellgrau sind Sie auf der sicheren Seite, oder aber Sie trauen sich an Hellblau, Mintgrün oder Ähnliches heran. Sie werden vom frischen und klaren neuen Raumeindruck begeistert sein.

D

er Clou dieser Wohnung sind die holzverkleideten Wände im Schlafzimmer und im Wohnraum: Auf einer Höhe von 1,50 Meter wurden Nut- und Feder-Bretter an der Wand angebracht, die mit einem rundumlaufenden Abschlussbrett versehen sind. So ist ein praktisches Board entstanden, auf dem Bilder und andere Deko-Artikel arrangiert werden können. Das Holz, im Naturton belassen und lediglich klar lackiert, schafft einen wohligen, intimen Gesamteindruck. Das kleine Schlafzimmer wirkt dank dieses Kunstgriffs wie eine Kuschelhöhle. Neben den lebendigen Holzoberflächen setzt dieses Wohnkonzept auf die modernen Kombinationsfarben Schwarz (in verschiedenen Schattierungen) und Weiß sowie auf Naturtöne: Die Wand ist in „Greige" gestrichen. Diese Farbmischung aus Grau und Beige ist elegant und bringt Ruhe und Gelassenheit ins Zuhause. Im Wohnzimmer findet sich ein dunkelgraues Sofa aus dem Restpostenmöbellager, ergänzt durch einen weißen 60er-Jahre-Tulip-Table vom Flohmarkt. Hinzu kommen schwarze Accessoires wie die übergroßen Deko-Holzgabeln an der Wand und der kleine Tritthocker. Der Esstisch in Weiß und Kiefer ist ein günstiges, aber qualitativ hochwertiges Ikea-Möbel. Ihm zur Seite stehen schlichte schwarze Stühle, die trotz ihres schlanken Preises von 15 Euro pro Stück eine top Figur machen. Als launiges Stilelement habe ich über dem Esstisch eine Gardinenstange angebracht, an der eine Papierrolle und Spruchkarten mit Klammern befestigt sind. Vielleicht fühlt man sich beim Essen spontan zu neuen Rezeptideen inspiriert, oder es kommen einem andere Gedanken in den Sinn, die man sofort zu Papier bringen möchte. Dank meiner kleinen Installation genügt ein Griff nach oben!

AUF DER HOHEN KANTE

Beschränken Sie sich bei Ihrer Deko auf wenige Stücke. Diese sollten dafür prägnant sein – wie der Hirschkopf aus Metallgeflecht. Achten Sie außerdem darauf, nur farblich Passendes sichtbar hinzustellen, so wirkt es am harmonischsten.

DIY

Kein passendes Bild gefunden, dafür aber einen Lieblingsstoff? Diese Bilder haben Sie schnell selbst gemacht mit einem Keilrahmen, einem Stoff Ihrer Wahl und einem Tacker. Einfach Stoff drüberlegen, festspannen und dabei rundherum festtackern.

Weil kein Platz mehr für einen Nachttisch war, habe ich einen kupferfarbenen Klemmspot an der Holzleiste angebracht. Punktuelles Licht ist abends im Bett viel gemütlicher als ein Deckenlicht.

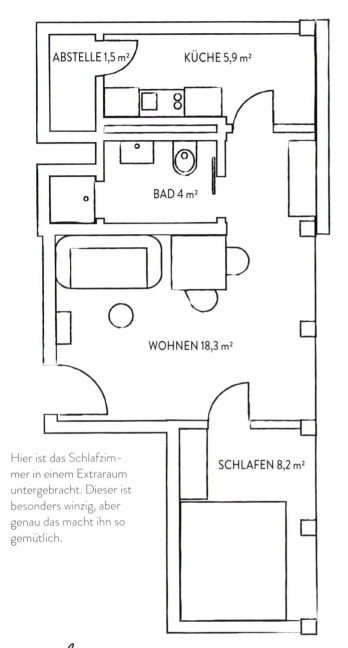

Hier ist das Schlafzimmer in einem Extraraum untergebracht. Dieser ist besonders winzig, aber genau das macht ihn so gemütlich.

GESAMTBUDGET

KOSTEN: 878 EURO **1** Holzhäuser: Depot, je 2 Euro, **2** Deko-Gabeln an der Wand: Depot im Sale, je 3 Euro, **3** Gerahmtes weißes Bild auf der Kante: Rahmen von Ikea, 2 Euro; Druck aus der Zeitschrift „Flow", **4** Esstisch „Lerhamn": Ikea, 59 Euro, **5** Zwei Stühle „Martin": Ikea, je 15 Euro, **6** Kleiner runder Couchtisch: 60er-Jahre-Flohmarkt, 10 Euro (ähnlichen gesehen bei Ebay), **7** Teppich: Ikea, 15 Euro, **8** Gardinenstange „Sannolikt", mit Haken und Papierrolle: Ikea, 10 Euro

9 Holzverkleidung: Selbstbau, Materialkosten ca. 250 Euro, **10** Couch: Möbelstadt Sommerlad im Sale, 200 Euro, **11** Weiße Vase: Flohmarkt, 2 Euro, **12** Kupferschale: KiK, 2 Euro, **13** Hirschkopf: Depot, 20 Euro

14 Bilder über dem Bett: Rahmen vom Sperrmüll, mit Ikea-Stoff betackert, 4 Euro, **15** Bett: Ikea im Sale, aus der Ausstellung abgebaut, 90 Euro, **16** Bettwäsche: Ikea, 15 Euro, **17** Deko-Teil: Ikea, 10 Euro, **18** Schwarzer Hocker „Bekväm": Ikea, 9 Euro

Nicht im Bild: Kleiderschrank „Aneboda": Ikea, 69 Euro; vier Vorhänge: Ikea, je 15 Euro; TV-Bank „Lack": Ikea, 8 Euro

831 Euro — Interieur für 31,2 m²

AUFGEWECKTE KLASSIK

Wasserblau, Weiß und fröhliches Gelb erquicken die Bewohner dieser Zweizimmerwohnung. Und auch auf Komfort muss nicht verzichtet werden.

Wer den zeitlos-modernen Stil liebt, muss auf „Cosiness" trotzdem nicht verzichten! Das zeigt dieses Apartment mit seinen behaglichen Farben und verspielten Accessoires ganz deutlich. Aufgrund einer ungewöhnlichen Raumaufteilung betritt man zunächst das Schlafzimmer. Um gleich zu Beginn Eindruck zu schinden, wählte ich für die Wand, die man beim Hereinkommen als Erstes sieht, eine freundliche Tapete mit auffälligem, gelb-weißem Muster. Oft liegen im Tapetenfachgeschäft Musterrollen aus, die man zu einem besonders günstigen Preis erwerben kann. So war das auch hier: Für diese effektvolle Wandgestaltung, die das Aussehen des Raums bestimmt, habe ich weniger als 20 Euro ausgegeben. Bei der übrigen Gestaltung des Schlafraums war es mir wichtig, dass sich das Gelb der Tapete an verschiedenen Stellen nochmals wiederfindet. Deshalb habe ich ein altes Wandregal, das ich über Ebay Kleinanzeigen erstanden hatte, mit einem gelben Lackanstrich versehen. Auf dem schmalen weißen Kleiderschrank habe ich beispielsweise dekorative gelbe Töpfe platziert.

Im Wohnbereich findet sich die gelbe Farbe ebenfalls wieder – diesmal kontrastierend mit einem intensiven Wasserblau. Die beiden Stühle in Gelb sind reduzierte Schnäppchen von „Depot", ebenso wie die gemütliche, naturweiße Couch. Davor steht ein zierlicher Couchtisch auf einem Teppich in der gleichen Form – die beiden sind wie füreinander geschaffen! Die neu gekauften weißen Schwalben aus Porzellan kombinierte ich mit klassischen Vogelmotiv-Bildern vom Flohmarkt. Ein beglückendes Arrangement, wie ich finde!

Hochwertige Möbel zu richtig günstigen Preisen – hier habe ich beim Einkaufen besonders viel Glück gehabt. Das wird den Mieter bestimmt freuen!

Bodenlange, zart-durchschimmernde Vorhänge schirmen Blicke von außen ab und geben dem Raum mehr Gemütlichkeit.

TIPP

Die Nachttischlampen sind ein Straßenfund. Zugegeben, sie sahen wirklich nicht schön aus mit ihrem alten und schon in die Jahre gekommenen Stoffbezug. Dieser wurde entfernt und das Drahtgestell stattdessen mit Wolle umwickelt. Nun sind die Leuchten ein Highlight – im wahrsten Sinne des Wortes – für ganze 4 Euro.

Hier habe ich eine Nische mit Tafellack gestrichen und mit Kreide beschriftet. Das wirkt künstlerisch und rahmt den Essplatz ein. Die Uhr ist ein günstiges Modell aus dem Discounter. Sie wurde umlackiert und mit einem neuen Ziffernblatt versehen.

AUFGEWECKTE KLASSIK

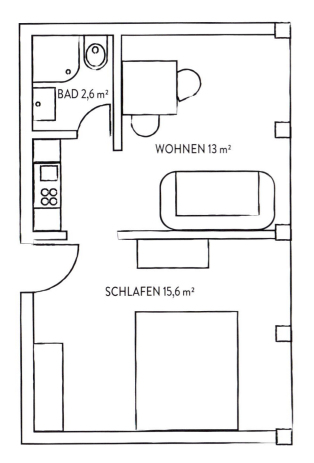

Dieses Apartment betritt man über das Schlafzimmer. Da ist Bettenmachen Pflicht, damit der erste Eindruck positiv ist. Wohn- und Essbereich schließen sich an.

GESAMTBUDGET

KOSTEN: 831 EURO **1** Couch: Depot im Sale, 250 Euro, **2** Wandschmuck Porzellanvögel: Amazon, 14 Euro, **3** Vogelmotiv-Bilder: Flohmarkt, 10 Euro, **4** Stehlampe: Ikea, 9 Euro, **5** Kissen: Flohmarkt, zusammen 10 Euro, **6** Gelber Teppich: Haushaltsauflösung, 15 Euro, **7** Couchtisch: Depot im Sale, 10 Euro, **8** Blaue Vase auf dem Couchtisch: Flohmarkt, 2 Euro, **9** Gardinen: Ikea im Sale, „Rissby"-Kollektion, 15 Euro

10 Tapete: Firma Rasch über Farben Felber, Musterrollen aus dem Laden, insgesamt 15 Euro, **11** Bett: Depot im Sale, 200 Euro, **12** Bettwäsche: H&M Home im Sale, 10 Euro (ähnliche auch bei bonprix), **13** Zwei Nachttischwürfel: Depot im Sale, zusammen 10 Euro, **14** Zwei Nachttischlampen: Sperrmüll, aufgehübscht für 4 Euro, **15** Teppich neben dem Bett: bonprix, 12 Euro, **16** Bild und Vase: Flohmarkt, je 2 Euro, **17** Gardine „Merete": Ikea, 39 Euro, Gardine „Vivan": Ikea, 15 Euro

18 Zwei gelbe Stühle: Depot, je 10 Euro, **19** Tisch: FTM-SB-Möbellager, 30 Euro, **20** Wanduhr: DIY, 4 Euro, **21** Kupfertablett mit Kerzen: Dänisches Bettenlager, 6 Euro, **22** Hängeregal: Flohmarkt, 8 Euro, **23** Typobild: KiK, 2 Euro

Nicht im Bild: Lamellenschränkchen: Flohmarkt, 8 Euro; Schrank: FTM-SB-Möbellager, 90 Euro; gelbes Hängeregal: Ebay Kleinanzeigen, 8 Euro; gelber Lack 8 Euro; Spiegel: Flohmarkt, 3 Euro

TIPP

Bestimmt haben Sie noch ein Möbelstück, das Sie nicht mehr ganz up to date finden, von dem Sie sich aber nicht trennen mögen? Machen Sie daraus etwas Neues: Entweder mit einer auffälligen Farbe oder durch Zweckentfremdung – zum Beispiel könnten Sie einen Hängeschrank mit Füßen oder Rollen versehen und ihn so zu einer Kommode machen.

DER LENZ IST DA

Hier werden Sie von zauberhaften Frühlingsfarben und vielen individuellen Details begrüßt. Stimmungstiefs sind nicht zu erwarten!

978 Euro — Interieur für 35,9 m²

Farbstimmungen haben einen riesengroßen Einfluss auf unsere Gemütslage, davon bin ich überzeugt! Diese Wohnung versprüht auf jeden Fall Optimismus – durch bunte und leuchtende Farben mit Frühlingsattitüde. Im Wohnbereich frohlockt die fuchsiafarbene grafische Tapete von Esprit. Ein Tapetenladen in meiner Nähe verkaufte diese aufgrund eines Lagerumbaus für nur 10 Euro pro Rolle! Für eine Wand dieser Größe benötigt man ca. drei Rollen, also ein erschwingliches Unterfangen. Die große, graue Couch – ebenfalls im Sale ergattert – passt mit ihren buntgestreiften Kissen perfekt zur fröhlichen Wandgestaltung. Daneben fand ein Duo Platz, das mich auf dem Flohmarkt anlachte: eine schlichte grau-weiße Kommode, kombiniert mit der passenden Wandgarderobe. Sehr grazil wirkt der dreibeinige Beistelltisch mit seiner Platte in Nierenform, die ich hellrot lackiert habe. In einem Möbellager für Restpostenbestände entdeckte ich einen Küchenoberschrank aus massiver Buche. Dieser gefiel mir spontan wegen seiner Glastüren und seiner schlichten Form. Aber hier musste ein flotteres Aussehen her: Mit einem mintgrünen Lack und vier Rollen wurde die Verwandlung vollzogen. Nun ist er ein richtiges Schmuckstück geworden! Die Stühle, Design Gerd Lang, sind Originale aus den 70er-Jahren und waren ein Flohmarktschnapper.

Im Schlafzimmer hängt an einer zitronengelben Wand ein riesiges Bild in Pastelltönen mit Birkenzweigen. Es ist wie gemacht für dieses Konzept. Glücklicherweise konnte ich es einer Bekannten abkaufen, die diesen Wandschmuck selbst produziert hatte. Dazu hat sie einfach einen Stoff der bekannten finnischen Marke Marimekko auf einen Keilrahmen getackert. Bett und Schrank sind von Ikea. Hier muss erwähnt werden, dass das Bett ein Ausstellungsstück war, das ich direkt vor Ort abgebaut habe. Dadurch ließ sich die Hälfte des ursprünglichen Preises einsparen.

Ich liebe diesen Schrank, so wie er jetzt aussieht. Ein paar Stunden Arbeit und eine Dose Farbe haben sich gelohnt. Nun ist er ein Schmuckstück, das ich am liebsten für mich behalten hätte.

Kommode und Garderobe sind Fundstücke aus den 60er-Jahren. Schön, dass die beiden Teile schon hellgrau lackiert waren, das passt hervorragend. Witzig sind die dicken weißen Garderobenhaken.

DER LENZ IST DA

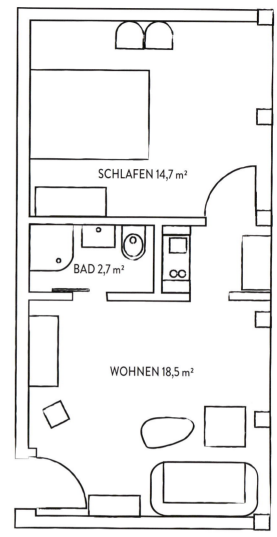

In diesem Apartment ist die Küche in einem separaten Raum untergebracht. Man geht hindurch, wenn man zum Schlafzimmer will. Große Fensterfronten mit Blick auf einen Park machen diese Wohnung besonders.

GESAMTBUDGET

KOSTEN: 978 EURO **1** Drei Rollen Tapete: Esprit, über Farben Felber, je 10 Euro, **2** Hellgrüner Vitrinenschrank: FTM-SB-Möbelmarkt, selbst lackiert (ähnliche bei car-Selbstbaumöbel), 60 Euro, **3** Rollen unten am Schrank: Ikea, 10 Euro, **4** Gelbes Körbchen: Flohmarkt, 1 Euro, **5** Hellgrüner Hocker: Flohmarkt, 2 Euro, selbst umlackiert, **6** Blume in der Vase: Ikea, 2 Euro

7 Hellblaue Gardine „Vivan": Ikea, 15 Euro, **8** Zwei Wandbilder: Flohmarkt, je 5 Euro (ähnliche gesehen bei Human Empire Shop), **9** Grüne Decke: Karstadt, 8 Euro, **10** Couchtisch: Sperrmüllfund, neu lackiert, **11** Gelbe Schale: Ikea, „PS"-Kollektion, 5 Euro, **12** Couch: Möbelstadt Sommerlad, 280 Euro, **13** Kissen: Möbelstadt Sommerlad, zusammen 12 Euro, **14** Graue Kommode und Garderobe: Flohmarkt, 10 Euro

15 Hellgrüne Hakenleiste: Flohmarkt, 5 Euro, **16** Zwei braune Stühle von Gerd Lang: Flohmarkt, zusammen 15 Euro (auch gesehen bei Ebay), **17** Bild mit Baum-Motiv: einer Bekannten abgekauft, 40 Euro (der Marimekko-Stoff ist erhältlich über ScandinavianDesignCenter), **18** Bett: Ikea im Sale, 340 Euro, **19** Bettwäsche: Haushaltsauflösung, 4 Euro, **20** Kissen: DIY, Stoffe zusammen 6 Euro, **21** Bild auf der Ablage: Ebay, 5 Euro

Nicht im Bild: Kleiderschrank „Aneboda": Ikea, 80 Euro; Esstisch: „Melltorp": Ikea, 38 Euro

Hier habe ich Nischen mauern lassen, um Ablage- und Deko-Flächen zu gewinnen. Es sieht doch einfach toll aus, wenn man hinter dem Kopfteil Schönes hinstellen kann. Die Bettlektüre findet hier ebenfalls ihren Platz. Farblich abgesetzt wird das Ganze noch stimmiger.

KLEINES RAUM-WUNDER IN KORALLE

975 Euro — Interieur für 23,3 m²

Ein gutes Beispiel dafür, dass klein richtig schick sein kann! Hier gibt es grafische Akzente und erstaunlich viel Platz zu entdecken.

Ich mag den honigfarbenen Parkettboden, der hier verlegt wurde – er wirkt zur korallenfarbigen Wand besonders freundlich.

Wohnungen, in denen sich alles auf engstem Raum abspielt, reizen mich immer besonders. Mit ein paar gekonnten Tricks kann man verblüffende Ergebnisse erzielen: Nutzen Sie die volle Raumhöhe aus und hängen Sie so viel wie möglich auf! Auch zierliche Möbel wie das Sofa mit Holzgestell sind ein guter Tipp, damit es nicht zu vollgestellt aussieht. Zudem habe ich hier einen Kleiderschrank mit Schiebetüren ausgewählt, dann braucht man weniger Platz zum Öffnen. Eine Hängeaufbewahrung neben dem Schrank lockert das Ganze auf und schafft schnell Ordnung.

Aber erst mal zu den Wänden: Hier trifft die kraftvolle Trendfarbe Koralle auf modernes und kontrastreiches Schwarz-Weiß. Inspiriert dazu hat mich die ungewöhnliche Tapete, die ich bei einem Streifzug durch den Baumarkt gefunden habe. Sie ist ein absoluter Eyecatcher und passt genauso gut zu männlichen Bewohnern wie zu weiblichen. Trauen Sie sich an eine „laute" Farbe als Gegenpol ran, dann werden Sie belohnt mit einer spannungsreichen Optik.

Das schwarze Boxspringbett steht an der Wand zwischen Küchenzeile und Bad. Darüber hängt der „Ivar"-Schrank, ein Multitalent von Ikea. Man kann ihn hängen oder stellen, beliebig erweitern und adäquat zur restlichen Einrichtung umstylen: Da er aus unbehandeltem Massivholz besteht, ist es kein Problem, ihm ein kesseres Aussehen zu verpassen. Ich habe einfach Dreiecke mit Malerkrepp abgeklebt und mithilfe einer Rolle zweimal lackiert. Das schlichte Sofa stammt aus der neu aufgelegten 50er-Jahre-Retro-Kollektion von Ikea und sieht nicht nur elegant aus, sondern fügt sich auch farblich bestens ein. Darüber hängt ein schwarzes Steckregal, das man je nach Gusto zusammensetzen und mit Deko befüllen kann. Ein kleiner runder Teppich und das Bambustischchen sind Flohmarktfunde, die die Sitzecke perfekt ergänzen. Den rechteckigen Esstisch kann man platzsparend an die Wand rücken. Flankiert wird er von zwei schwarzen Freischwingerstühlen von Flötotto, die ich aus einem Bestand der Bundeswehr aufgekauft habe.

KLEINES RAUMWUNDER IN KORALLE

Das Regal kann man sich so zusammenstecken, wie man möchte. Es bewahrt alle hübschen Schätze auf und ersetzt ein Bild. Achten Sie nur auf die Farbharmonie, sonst wird es vor der Mustertapete zu unruhig.

TIPP

Sie sind sich nicht sicher, ob Sie eine „gewagte" Farbe großflächig in Ihrer Wohnung einsetzen möchten? Dann malen Sie doch erst einmal eine Holzplatte oder eine Leinwand damit an. Verläuft der Test positiv, streichen oder tapezieren Sie anschließend die ganze Wand. Zwickt es im Auge, dann testen Sie eine andere Farbe.

KLEINES RAUMWUNDER IN KORALLE

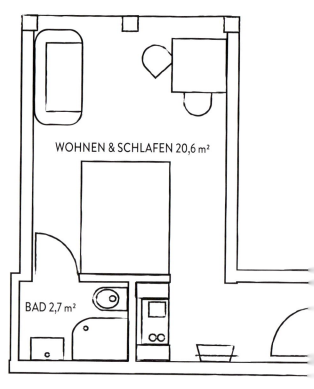

Küche und Flur sind hier eins. Dann geht es in den Wohn- und Schlafraum. Verzwickte Aufteilung, aber trotzdem gut gelöst.

GESAMTBUDGET

KOSTEN: 975 EURO **1** Steckregal: Depot im Sale, 10 Euro, **2** Drei Rollen Tapete: OBI, je 12 Euro, **3** Couch: Ikea im Sale, 199 Euro, **4** Drei Kissen: Ikea, je 5 Euro, **5** Gardinen „Vivan" und „Werna": Ikea, 15 Euro und 30 Euro, **6** Teppich: Ikea, 10 Euro, **7** Sofatisch: Flohmarkt, 4 Euro, **8** Gelbe Stehlampe: Grümel Sammelsurium Zentrum, 5 Euro

9 Esstisch „Melltorp": Ikea, 39 Euro, **10** Zwei Stühle: Bundeswehrbestandsauflösung, je 15 Euro, **11** Schrank „Kvikne": Ikea, 99 Euro, **12** Bild: Leinwand und Stoff, selbst getackert, 10 Euro, **13** Wandspruch: Depot, 5 Euro

14 Boxspringbett: FTM-SB-Möbellager, 300 Euro, **15** Wandlampe „Hektor": Ikea, 10 Euro, **16** Zwei Hängeschränke „Ivar": Ikea, je 59 Euro, **17** Küchenregal: Ikea, 20 Euro, **18** Tasche mit Gesicht: Petra Lunenburg, 8 Euro, **19** Graues Geschirr: Ikea, ca. 10 Euro

Nicht im Bild: Hängeaufbewahrung: Flohmarkt, 2 Euro

Sie haben eine schmale Küche? Auch dafür gibt es Möglichkeiten. Hier habe ich ein Regal mit Hakenleiste benutzt, um zusätzliche Ablagefläche für Küchenutensilien zu gewinnen. Hübsch anzusehen ist es noch dazu.

Die vierfarbig gestrichene Wand in Senfgelb, Weiß, Grau und Taubenblau ist ein großartiger Hingucker und einer meiner liebsten Gestaltungskniffe.

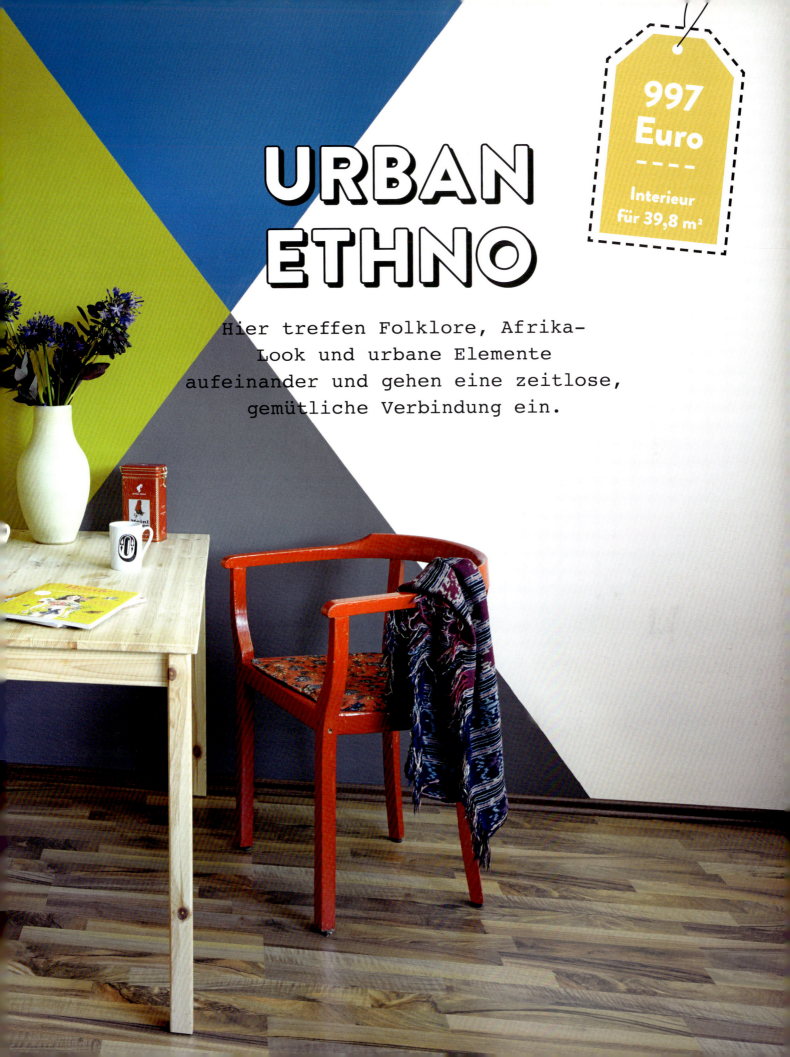

URBAN ETHNO

Der 60er-Jahre-Spiegelschrank stand ehemals in einer Ferienwohnung. Er vergrößert den Raum optisch und ist ein echtes Stauraumwunder.

Für diese Wohnung hatte ich einen ganz besonderen Wunsch: eine vierfarbig gestrichene Wand! Damit stieß ich bei den Handwerkern erst mal auf ungläubiges Kopfschütteln. Wie sollte so etwas bewerkstelligt werden? Doch nach anfänglichen Bedenken wurde eine Skizze angefertigt, die meine Idee verständlich darlegte. So kommt es nun, dass beim Betreten dieser Zweiraumwohnung der Blick sofort auf die expressive grafische Wand in den Farben Weiß, Senfgelb, Grau und Taubenblau fällt. Sie ist hier das dominante Gestaltungselement. Solch eine Wand ist zwar natürlich etwas aufwendiger zu streichen (siehe oben), aber dennoch ein günstiges Mittel, um in einer Wohnung einen Wow-Effekt zu erzielen. Weitere Bilder sind für diese Fläche nicht mehr nötig, denn sie spricht für sich.

Für die Möblierung kaufte ich einer Bekannten ein altes Küchenbüfett ab und lackierte es in Hellgrau, damit es moderner und weniger wuchtig wirkt. Die leichtfüßige Couch ist ebenfalls in Grau gehalten. Als Kontrast zu diesen zurückhaltenden Tönen habe ich sparsam die Farbe Rot eingesetzt. Sie taucht zum Beispiel im handgewebten Wollteppich mit Ethnomuster – ein Fund aus dem Gebrauchtmöbelladen – und dem antiquierten Lehnstuhl auf. Sollten Sie sich auch für eine Wand in mehreren Farben entscheiden, dann achten Sie darauf, nicht zu viele weitere Töne dazuzunehmen, sonst wird es zu unruhig. Stattdessen kann man zusätzliche Akzente mit Zimmerpflanzen setzen, so wie mit der ausdrucksstarken, zurzeit sehr beliebten „Monstera", die hinter dem Sofa steht. Bei einer Haushaltsauflösung entdeckte ich den 60er-Jahre-Spiegelschrank, der praktischerweise viel Stauraum bietet und das Zimmer optisch vergrößert. Er ist bewusst so aufgestellt, dass er die grafische Wand widerspiegelt. Wenn Sie in Ihren vier Wänden Spiegel platzieren, achten Sie darauf, welche Reflexionen sich ergeben. So können Sie auf geschickte Art und Weise eine Raumfarbe verdoppeln und damit verblüffende Wirkungen erzielen.

Besonders gern mag ich in dieser Wohnung das Schlafzimmer: An der Wand hinter dem Bett findet sich eine grau-weiße Tapete mit Städtenamen-Print. Sie ist schlicht und unaufdringlich, aber dennoch besonders. Die Krönung sind die beiden 70er-Jahre-Keramiklampen in leuchtendem Rot, die das Bett einrahmen und die Nachttischlampen ersetzen. Als letztes i-Tüpfelchen habe ich den gerahmten Print von einem lesenden Mädchen aufgehängt. Der Rotton im Bild passt perfekt zum Rot der Lampen.

URBAN ETHNO

Das alte Nachtschränkchen wurde einmal abgeschliffen und neu geölt. Ich liebe den Kontrast zur modernen Schrifttapete und dem Korallenrot der 70er-Jahre-Keramikleuchten. Im Bild des lesenden Mädchens wiederholt sich die rote Farbe perfekt.

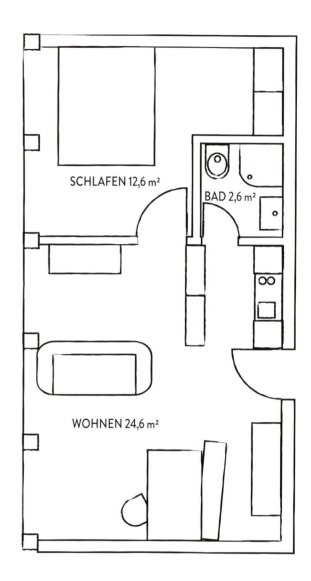

GESAMTBUDGET

KOSTEN: 997 EURO **1** Altes Küchenbüfett: Privatkauf im Bekanntenkreis, 80 Euro, **2** Tisch „Ingo": Ikea, 50 Euro, **3** Stuhl und Sitzbank: Sperrmüll, **4** Holzkraniche: Flohmarkt, 3 Euro

5 Teppich: Flohmarktladen, 10 Euro (ähnliche gesehen bei bonprix), **6** Zwei weiße Boxen: Ikea, je 3 Euro, **7** Kleiner marokkanischer Tisch: Flohmarktladen, 5 Euro (ähnliche gesehen bei Octopus), **8** Couch: Ikea im Sale, 199 Euro, **9** Hängelampe „Rotvik" (mit kleinem Defekt): Ikea-Fundgrube, 20 Euro, **10** Selbst gebaute Theke: zwei „Billy"-Regale von Ikea, je 29 Euro, plus MDF Platte aus dem Baumarkt, 22 Euro, **11** Spiegelschrank: Haushaltsauflösung, 30 Euro, **12** Monstera-Pflanze: Aldi, 4 Euro

13 Tagesdecke: Ikea, aber über Ebay gebraucht gekauft, 15 Euro, **14** Boxspringbett: FTM-SB-Möbelmarkt, 250 Euro (Ausstellungsstück), **15** Antikes Nachtschränkchen: Flohmarkt, 10 Euro, **16** Zwei rote Keramiklampen: Grümel Sammelsurium Zentrum, je 8 Euro, **17** Bild „Lesendes Mädchen": Flohmarkt, 10 Euro, **18** Graue und blaue Kommode „Malm": Ikea, je 59 Euro, **19** Alte Schreibmaschine: Flohmarkt, 4 Euro, **20** Rundes Bild: DIY – altes T-Shirt in einen Stickrahmen gespannt, 2 Euro, **21** Schal: Depot im Sale, 2 Euro, **22** Hängeblumenampel: FTM-SB-Möbelmarkt, 1 Euro, **23** String-Regal: Sperrmüllfund

Nicht im Bild: TV-Bank: Flohmarkt, 8 Euro, plus Lack, 5 Euro; Kleiderschrank „Aneboda": Ikea, 69 Euro

TIPP

Eine tolle Idee für Minibudgets: In der Schlafzimmernische baumelt ein Birkenast waagerecht von der Decke. An diesem Ast lassen sich entweder Halsketten oder Gürtel dekorativ aufbewahren, oder Sie drapieren eine Lichterkette daran, oder, wie hier, eine Hängepflanze.

Die Ikea-Kommode „Malm" ist ein schlichter Klassiker, der zu jeder Einrichtung passt. Hier habe ich mich für die Farben Grau und Blau entschieden.

KUNST-KABINETT

Eine Vincent-van-Gogh-Tapete war der Ideengeber für diese stylishe Kunstbude.

782 Euro — Interieur für 15,4 m²

TIPP

Sie haben auch eine kuschlige kleine Wohnung? Gestalten Sie Ihre Wände bewusst spannend mit vielen Bildern – wie in einer Galerie. Sparen Sie dafür möglichst an Möbeln oder wählen Sie solche, die sich in Form und Farbe zurückhalten. Sammeln Sie Bilder auf dem Flohmarkt. Wenn Sie sich nicht für eine Stilrichtung entscheiden können, dann mischen Sie ruhig kühn alles miteinander – und herauskommt etwas völlig Ungezwungenes!

Ein bequemes Boxspringbett in der Farbe Schwarz sorgt hier für Kuschelkomfort. Es hält sich optisch zurück und stiehlt den Bildern nicht die Show.

Romantische und klassische Deko passen gut zu dieser Einrichtung. Das Pferd ist ein Glücksfund vom Flohmarkt, das Windlicht stammt von Depot.

KUNSTKABINETT

Im Souterrain des „Glückshauses" befindet sich ein winziges Einraumapartment, das ich „Kunstkabinett" getauft habe. Beim Blättern durch aktuelle Musterbücher war ich auf eine Tapete gestoßen, die ein Buchmotiv aus einem Gemälde von Vincent van Gogh ziert. Sofort war ich Feuer und Flamme und hatte eine Vision, wie das Gesamtkonzept dieser Wohnung werden sollte. Deshalb ließ ich mich auch von dem leider sehr hohen Preis von 59 Euro pro Rolle nicht davon abhalten, dieses Prachtexemplar zu verwenden. Korrespondierend dazu hatte ich etwas Spezielles im Sinn: Schon seit Wochen hatte ich auf Flohmärkten ganz tolle alte Ölschinken und Kunstdrucke gesammelt – hier sollten sie nun zum Einsatz kommen!

Die Wand, die der tapezierten gegenüberliegt, wurde in „Greige" gestrichen. Ein perfekter Untergrund, um sämtliche Bilder in der sogenannten Petersburger Hängung zu präsentieren, also in einer besonders engen Reihung. Hierbei habe ich völlig respektlos bekannte und unbekannte Werke unterschiedlichster Künstler sowie Stil- und Zeitepochen miteinander gemixt. Einen Druck habe ich sogar hochkant aufgehängt statt im Querformat. Herausgekommen ist eine eindrucksvolle Wand, die alle Blicke auf sich zieht und richtig hip wirkt, obwohl die einzelnen Bilder eher altbacken sind.

Daneben steht ein Boxspringbett aus dem Möbellager, bekrönt von einem modernen Baldachin. Er lässt das einfache Bett wie einen fürstlichen Schlafplatz wirken.

Im Küchenbereich schuf ich mithife eines kleinen, abklappbaren Wandtisches und eines Hockers mit Häkelbezug auf kleinstem Raum einen gefälligen Essplatz.

An verschiedenen Stellen des Interieurs habe ich kunsthandwerkliche Gegenstände verteilt, die die Gestaltungsidee spielerisch abrunden – zum Beispiel ein Porzellanpferd, ausgefallene Kerzen und Keramikvasen. Denn gerade sehr kleine Wohnungen verdienen schöne Details, um sie zu etwas Besonderem zu machen.

Kerzen und Blumen gehören in jede Wohnung. Sie schaffen im Handumdrehen eine wunderbar wohnliche Atmosphäre und erfreuen bei jedem Blick!

Auch in der Küchenzeile darf die Kunst nicht fehlen. Ein Blumenbild mit üppigem Goldrahmen steht angelehnt auf der Arbeitsplatte. Eine sonst eher nüchterne Küche wird dadurch schnell wohnlich.

KUNSTKABINETT

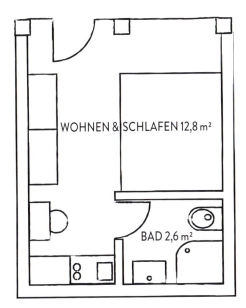

Eine Souterrainwohnung, bei der sich alles in einem Raum abspielt. Pluspunkt hier: Platzsparende Möbel wie ein Klapptisch mit Hocker nutzen jeden freien Winkel aus.

GESAMTBUDGET

KOSTEN: 782 EURO **1** Bilder: Flohmarkt, zusammen 50 Euro, **2** Deckenlampe: Haushaltsauflösung, 5 Euro, **3** Baldachin „Charmtroll": Ikea, 10 Euro, **4** Stehlampe: Ikea, 9 Euro, **5** Boxspringbett: FTM-SB-Möbellager, 300 Euro, **6** Zwei Kissen: Depot, je 8 Euro, **7** Zwei Gardinen „Vivan": Ikea, je 15 Euro

8 Kleiderschrank „Aneboda": Ikea, 69 Euro, **9** Kommode „Malm": Ikea, 49 Euro, **10** Windlicht: Depot, 12 Euro, **11** Bronze-Pferd: Flohmarkt, 4 Euro (ähnlich gesehen bei Brigitte von Boch Living GmbH), **12** Glasballon: Depot im Sale, 8 Euro, **13** Zwei Holzkerzenständer: Herberts kleine Manufaktur, je 5 Euro, **14** Gelbe und grüne Vase: Flohmarkt, je 2 Euro, **15** Zwei Flickenteppiche: Ikea, je 2 Euro

16 Zwei Rollen Vincent-van-Gogh-Tapete: Farben Felber, je 59 Euro, **17** Klapptisch „Norbo": Ikea, 30 Euro, **18** Hocker mit Häkelbezug: Depot, 29 Euro, **19** Wandregale: Ikea, „PS"-Kollektion, 20 Euro, **20** 50er-Jahre-Spiegel: Flohmarkt, 5 Euro

DISCO MEETS COMIC

779 Euro

Interieur für 23,9 m²

Die lustige und farbenfrohe Wohnung mit Comic-Details und Disco-Feeling bringt ihren Bewohner garantiert in Schwung.

Bei der Einrichtung dieser Wohnung habe ich mir einen jungen Mann als Bewohner vorgestellt und deshalb ganz bewusst auf „Mädchenkram" verzichtet. Es sollte aber trotzdem farbenfroh zugehen und daher lautet das Motto dieser rockigen vier Wände: „Augen auf und tanzen!" Zu sehen gibt es hier wirklich viel – und es liegt Groove in der Luft: die Farben Türkis und Gelb verleihen schon beim Betreten ein beschwingtes Gefühl. Witzige Deko-Elemente sind die alten, aus den 80er-Jahren stammenden LP-Hüllen, die mir bei einem Flohmarktbesuch in Leipzig begegnet sind. Sie wurden zu Wandobjekten erhoben, indem ich sie mit passenden LP-Rahmen versehen habe, die es zum Beispiel bei „Tiger" gibt. Die eine oder andere Schallplatte hängt ohne Rahmen und Hülle an der Wand, auch das wirkt sehr originell. Dazwischen funkeln selbstklebende Spiegelfliesen, die den Raum perspektivisch erweitern. Eine weitere tolle Möglichkeit der Wandgestaltung ist das Tapeten-Patchwork. Haben Sie alte Tapetenreste, die Sie dazu verwenden können? Wenn nicht, dann gehen Sie in einen Tapetenladen und fragen Sie, ob es Musterbücher des Vorjahrs gibt. Aus den schönsten Farben und Mustern schneiden Sie Rechtecke aus und bringen sie an der Wand an. So erhalten Sie ein extrem individuelles Großflächenbild, das oft nicht viel mehr als Zeit und Kleister kostet. Zudem ist es ganz einfach, kleine Stücke zu tapezieren, das kann sich jeder zutrauen. Stauflächen bieten in diesem Einraumapartment ein dreitüriger Schrank aus dem Möbellager und das weiß lasierte Sideboard. Die Gitarre, die super zum Thema passt, habe ich auf dem Sperrmüll gefunden und schön schräg aufgehängt. Die Kissen im Comic-Style sind aus dem Sale von H&M Home und verleihen dem Konzept zusätzlich eine ordentliche Prise Humor. Sie sind verteilt auf den Vintage-Fernsehsessel, die türkise Sitzbank und das Bett. Auch der selbst genähte Vorhang in der Küche, der den Stauraum für Wasserkästen oder Putzutensilien verbirgt, hat ein Comic-Motiv. Als besondere Hommage an den zukünftigen männlichen Bewohner empfinde ich den zum Nachttisch umfunktionierten groben Ytong-Stein. Ein markanter Bruch dazu ist die vergnügte Leselampe in Eidottergelb.

Die gerahmten alten Schallplatten, die ich bei einem Flohmarktbummel in Leipzig gefunden habe, sind witzig, schön bunt und bringen den Betrachter zum Schmunzeln.

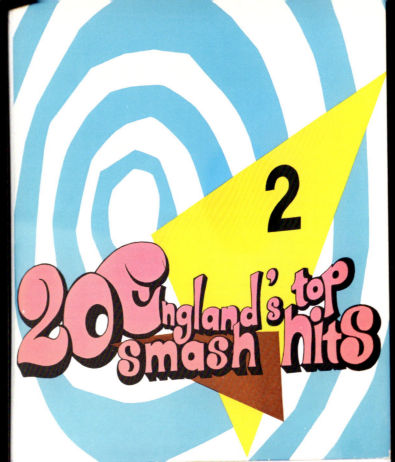

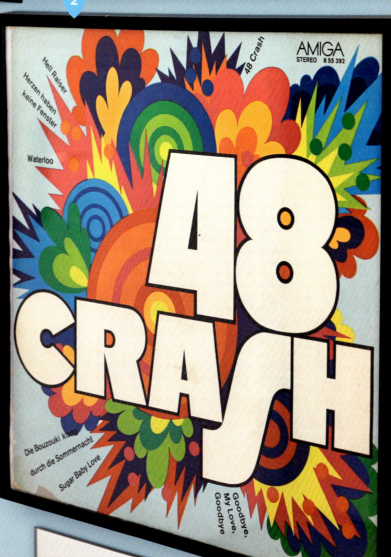

Nicht nur die Musik gibt den Ton an: Türkis, Gelb und Weiß sind die vorherrschenden Farbklänge in diesem Apartment.

TIPP

Wenn die Vorhänge tagsüber zur Seite gezogen werden, entsteht ein Gefühl von Weite. Das finde ich sehr wichtig, gerade in Einraumapartments. Die Vorhänge sind hier in Schwarz und Türkis gewählt – passt beides gut zum Rest der Einrichtung.

DISCO MEETS COMIC

Die Nachttischlampe aus den 70er-Jahren sieht noch aus wie neu und dank ihrer leuchtend gelben Farbe kam mir dieser Sperrmüllfund wie gerufen.

DIY

Tapeten-Patchwork aus Reststücken alter Tapeten und ein Nachttisch aus Ytong, beides zum Nulltarif! Halten Sie immer die Augen offen. Es gibt überall Gegenstände, die man noch einmal oder anders verwenden kann. Oder Sie zweckentfremden Dinge, wie diesen übrig gebliebenen Stein, der nun die perfekte Ablage für ein Buch ist – oder eben die willkommene Standfläche für die Leselampe.

Die Discokugel vom Trödel und die Schallplattenuhr von Ikea – kleine Highlights, die den Stil perfektionieren.

Zum Schuheanziehen ist die türkise Bank echt praktisch. Der Garderobenständer in leuchtendem Gelb passt in fast jede Ecke. Schön, dass man ihn nicht an der Wand befestigen muss, so kann er auch ruck, zuck an einem anderen Platz stehen.

DISCO MEETS COMIC

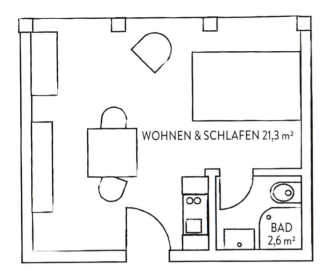

Hier passt alles zusammen: Tablett in Gelb und bunte Getränkeflaschen. Der gepunktete Teppich ist eigentlich ein abwaschbarer Outdoor-Belag, macht aber auch indoor eine gute Figur unter dem Esstisch. Und geht mal was daneben, lässt er sich auch noch abwaschen.

GESAMTBUDGET

KOSTEN: 779 EURO **1** Zehn alte Schallplatten: Flohmarkt, je 1 Euro, **2** Zehn Plattenrahmen: Tiger, je 3 Euro, **3** Acht Spiegelfliesen zum Kleben: Ikea, zusammen 14 Euro

4 Gitarre: Sperrmüll, **5** Türkise Bank: FTM-SB-Möbellager, 30 Euro, **6** Gelber Garderobenständer: FTM-SB-Möbellager, 8 Euro, **7** Zwei weiße Holzklappstühle: Flohmarkt, je 5 Euro (ähnliche bei Octopus), **8** Tisch „Melltorp": Ikea, 39 Euro, **9** Vintage-Sessel: Haushaltsauflösung, 5 Euro, **10** Kommode: FTM-SB-Möbellager, 80 Euro, **11** Teppich: Tiger, 10 Euro

12 Nachttisch: Ytong-Stein und Leuchte vom Straßenrand, **13** Boxspringbett: FTM-SB-Möbellager, 350 Euro, **14** Bettwäsche und Kissen: H&M Home im Sale, insgesamt 30 Euro, **15** Gardinen „Vivan" und „Werna": Ikea, 15 Euro und 30 Euro, **16** Uhr „Pladdra": Ikea, 15 Euro, **17** Superman-Stoff: Handtuch H&M Home, 3 Euro

Nicht im Bild: Kleiderschrank: FTM-SB-Möbellager, 100 Euro

EULEN-NEST

Für Fans von Waldgrün, Erbsengrün, Moosgrün und Eulen ist dieses Zuhause ein Traum.

622 Euro – Interieur für 29,5 m²

Das von mir so getaufte „Eulennest" ist eine kleine, kuschlige Wohnung in Grüntönen. Grün ist eine meiner Lieblingsfarben und daher lag es nahe, ein Apartment ganz in diesem Ton zu gestalten. Wohnen, Essen und Schlafen finden hier in einem Zimmer statt, während in einem Extraraum gekocht wird. Der schmale Grundriss machte es nötig, besonders platzsparende Möbel einzusetzen. Deshalb habe ich mich für eine Schlafcouch entschieden. Der Bezug für den Tag ist in einem hellen Grün gehalten, das hervorragend zum Gesamtkonzept passt. Stauraum ist hier dringend gefragt, deshalb habe ich über dem Schlafsofa die preisgünstigen und wandelbaren „Ivar"-Schränke von Ikea aufgehängt. Sie wurden mit Schriftzügen – ebenfalls in Grün – individualisiert. Die Wand daneben schmücken Äste, die ich bei einem Waldspaziergang gesammelt habe. Sie sind ein perfekter „Sitzplatz" für die namensgebenden, aufgeklebten Eulen. Eine charmante Deko-Idee, die sehr budgetschonend zu verwirklichen ist. Auf Streifzügen durch die Natur lässt sich bei genauem Hinsehen viel Dekoratives wie Äste, Zapfen oder Blüten entdecken.

Zum Sitzen am Esstisch wählte ich einen schlichten Holzhocker. Er hat grüne Details bekommen und fügt sich damit in die übrige Einrichtung wunderbar ein. Bei Nichtgebrauch kann man ihn einfach unter den Tisch schieben. Die alten, gerahmten Blumendrucke fand ich bei einer Haushaltsauflösung. Sie sind zarte Hingucker an der moosgrünen Wand. Das grüne Regal besteht aus einzelnen Couchtischen, die ich miteinander verschraubt habe. So aufeinandergestapelt ergeben sie eine praktische und günstige Aufbewahrung.

Viele unterschiedliche Grüntöne ergeben ein Naturflair. Die bunte Garderobe hängt direkt hinter der Eingangstür, sorgt für Ordnung und ist ein Farbtupfer im Grünmeer.

EULENNEST

DIY

Finden Sie keine Möbel, die zu Ihrem Farbkonzept passen? Dann kaufen Sie unbehandelte Vollholzmöbel (wie hier den Hocker und die Hängeschränke) und lackieren Sie sie in Ihrer Wunschfarbe. Mit einer Schaumstoffrolle lassen sich flugs zwei Lackschichten sehr einfach auftragen.

Kleine Äste habe ich hier mit Reißnägeln und Bindfäden an der Wand angebracht und Eulen-Tattoos, die es bei „Tiger" gibt, über die Äste geklebt. So sieht es aus, als ob die Eulen direkt auf den Ästen sitzen. Eine witzige und einfache Wand-Deko in 2D und 3D für ganz kleines Geld.

GESAMTBUDGET

KOSTEN: 622 EURO **1** Blumenbilder: Haushaltsauflösung, alle zusammen 8 Euro, **2** Wandgarderobe: Tiger, 4 Euro, **3** Grünes Regal, gebaut aus drei „Lack"-Tischen: Ikea, je 5 Euro, **4** Eulen-Wandtattoos: Tiger, 3 Euro

5 Korbsessel: Flohmarkt, 10 Euro (ähnliche gesehen bei Ebay), **6** Äste: im Wald gesammelt, **7** Hocker unter dem Tisch: Ikea, 10 Euro, mit Lack individualisiert, **8** Gardine „Merete": Ikea, 30 Euro, **9** Sofa „Knopparp": Ikea, 69 Euro, **10** Decke über der Couch: Bauhaus, 8 Euro, **11** Schrank „Kvikne": Ikea, 99 Euro, **12** Tisch „Melltorp": Ikea, 39 Euro, **13** Teppich: Haushaltsauflösung, 10 Euro, **14** Zwei Hängeschränke „Ivar": Ikea, je 59 Euro

Nicht im Bild: Schlafsofa „Beddinge": Ikea, 199 Euro

Wenn Sie Grün mögen, sich aber nicht für einen Farbton entscheiden können, dann kombinieren Sie unterschiedliche Grüntöne miteinander. Genauso finden Sie es auch in der Natur – und die ist das perfekte Vorbild.

CROSS-OVER

500 Euro
Interieur für 18,6 m²

Ein kleines, aber raffiniertes Apartment mit dem Besten aus verschiedenen Stilrichtungen – Cross-over eben!

Ein Zimmer für alles! Das war die Aufgabe, die mich in dieser Wohnung erwartete. Gar nicht so leicht ... Hier musste ich Prioritäten setzen: Auf das Sofa wurde diesmal verzichtet, schließlich kann es auch verlockend sein, den Feierabend im Bett zu verbringen und von dort aus das Fernsehprogramm zu genießen. Um dem Raum eine optische Großzügigkeit zu verleihen, kaufte ich ein weißes Bett mit Füßen, das sich nicht in den Vordergrund drängt. Lustige Kissen mit verschiedenen Motiven machen es zu einem einladenden Plätzchen. Die Wand dahinter schmückt eine schicke schwarz-weiße Tapete mit Schriftmuster. Durch gezielt eingesetzte Stilbrüche wird es hier spannend: ein Ölgemälde mit einer winterlichen Dorfszene und ein 60er-Jahre-Rattan-Spiegel hängen einträchtig nebeneinander auf dem grafischen Untergrund. Als Nachttischchen montierte ich einen kleinen Kinderstuhl mit Flechtsitz in luftiger Höhe neben dem Bett an die Wand – eine willkommene Standfläche für die kleine Leselampe. Dank seiner halbtransparenten Türfüllungen wirkt der weiß lackierte Kleiderschrank ganz und gar nicht klobig.

Auf einen Essplatz will man natürlich auch in der kleinsten Hütte nicht verzichten, deshalb habe ich an der Wand einen Klapptisch befestigt, den man bei Nichtgebrauch „flachlegen" kann. Ein 60er-Jahre-Sideboard dient als TV-Bank und bietet hinter seinen beiden Türen zusätzlichen Stauraum. Hinter die Eingangstür passte gerade noch das schmale schwarze Regal, in dem sich allerhand Unverzichtbares aufbewahren lässt. Bunte Drucke, farbenfrohe Gebrauchsgegenstände und gemusterte Teppiche sorgen insgesamt für ein sehr heiteres Ambiente. Inhaltlich wie gestalterisch begegnet uns hier ein quietschvergnügter Mischmasch – Cross-over as it's best!

Viel Weiß bildet den Hintergrund für bunte Accessoires. Das schafft Großzügigkeit und lässt das Bunt leuchten.

⁶ WHEN LIFE HANDS YOU LEMONS MAKE A GIN AND TONIC

⁷ Hier ist Platz für alles, was man so braucht, aber nicht unbedingt immer sehen möchte. Also ab damit hinter die Türen. Das schafft optische Ruhe.

TIPP

In offenen Hängeregalen kann man hübsche Accessoires und Haushaltshelfer aufbewahren und gleichzeitig präsentieren. Alles zusammen ergibt eine attraktive Wanddekoration. Die praktischen, aber vielleicht nicht so schönen Gegenstände verstauen Sie besser in geschlossenen Hängeschränken.

Marokkanische Körbchen, eine Vintage-Pilzkarte, das Sideboard aus den 60er-Jahren – der Mix macht's.

CROSS-OVER

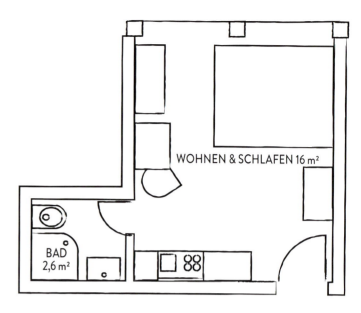

WOHNEN & SCHLAFEN 16 m²

BAD 2,6 m²

Dieses schmale Regal ist hübsch grazil und praktisch: Dank seiner geringen Tiefe passt es perfekt hinter die Tür und nimmt alle Bücher auf. Es wird nur an die Wand gelehnt.

GESAMTBUDGET

KOSTEN: 500 EURO **1** Küchenkommode: Ebay, 100 Euro, **2** Übertopf: Grümel Sammelsurium Zentrum, 2 Euro, **3** Metallregal: Ikea, 9 Euro, **4** Klemmleuchte: Ikea, 4 Euro, **5** Teppiche und Bilder: Depot im Sale, zusammen 30 Euro

6 Zitronenförmiges Bild: Depot im Sale, 4 Euro, **7** Hängeschrank: aus der vorhandenen Kücheneinrichtung, **8** Hängeaufbewahrung: Ikea, 8 Euro, **9** Klapptisch „Norbo": Ikea, 30 Euro, **10** Kupferschale: KiK, 2 Euro, **11** Alte Pilzkarte: Flohmarkt, 25 Euro (ähnliche über Human Empire Shop), **12** 60er-Jahre-Sideboard: Haushaltsauflösung, 10 Euro, **13** Zwei Körbe: Flohmarkt, je 2 Euro, **14** Vase: Flohmarkt, 2 Euro

15 Schwarzes Regal: Depot im Sale, 30 Euro, **16** Drei Rollen Tapete: Farben Felber, pro Rolle 8 Euro, **17** Ölgemälde: Ebay Kleinanzeigen, 10 Euro, **18** Spiegel mit Flechtrahmen: Flohmarkt, 2 Euro, **19** Kinderstuhl an der Wand: Flohmarkt, 2 Euro, **20** Leselampe: Ikea, 4 Euro, **21** Bett: Ikea, „Trysil"-Serie, 100 Euro, **22** Kissen „Rosy": philuko, 29 Euro, **23** Kleiderschrank „Aneboda": Ikea, 69 Euro

Eine skandinavische Schrifttapete in Schwarz-Weiß, dazu ein Ölgemälde ohne Rahmen – beißt sich irgendwie, und genau darum ist es stimmig!

DIY

Wer sagt, dass Stühle immer auf dem Boden stehen müssen? Überraschen Sie doch mal Ihre Besucher und hängen Sie sich einen kleinen Stuhl an die Wand. Dieser Kinderstuhl ist ein Flohmarktfund und ersetzt den Nachttisch.

NEW-YORK-LOOK

Unkonventionelle Wohnideen treffen auf coolen Industrie-Look und großzügigen Loft-Charme.

Mit dieser coolen und urbanen Wohnung ist ein Herzenswunsch von mir in Erfüllung gegangen. Um den legeren NYC-Loft-Look zu erhalten, musste ich zunächst einmal bei den Hausbesitzern Überzeugungsarbeit leisten: Statt des üblichen Laminats kam hier geschliffener Estrich, den ich dunkelgrau einfärben ließ, auf den Boden. Zusätzlich wurden die Kabel auf der Wand verlegt statt wie sonst unter Putz. Damit waren die wichtigsten Zutaten für diesen unkonventionellen Style geschaffen.

Der Knüller ist aber das selbst gebaute Bett: das Unterteil besteht aus vier übereinander verschraubten Paletten, darüber erhebt sich eine Haus-Silhouette aus dicken Vierkanthölzern. Die Leselampe, ein Baustellenlicht aus dem Baumarkt, habe ich locker um den Dachfirst gewickelt. Das sieht so nonchalant aus, dass ich am liebsten selbst hier mal eine Nacht verbringen würde.

Auf Schränke und Regale habe ich verzichtet und stattdessen Lösungen aus Baumarkt-Teilen geschaffen: Bücherregale wurden aus Palettenresten gebaut, Kleider kommen an eine Holzstange, die frei von der Decke hängt.

Im Wohnzimmer steht eine tannengrüne Midcentury-Modern-Couch. Dieses tolle Vintage-Teil habe ich bei einer Haushaltsauflösung ergattert, zusammen mit zwei passenden Sesseln. Einer davon steht ebenfalls im Wohnzimmer, flankiert von einem Second-Hand-Barwagen. Als Gag habe ich einen Basketballkorb an die Wand gehängt – so kann der zukünftige Mieter vom Sofa aus versuchen, in den Korb zu treffen. Der Couchtisch ist übrigens auch selbst gemacht: aus MDF-Platten, die beim Küchenbau übrig geblieben sind. Apropos Küche – die ist natürlich auch nicht „von der Stange", sondern besteht aus Schwerlastregalen aus dem Baumarkt. Diese wurden mit Standgeräten sowie mit einer Einbauspüle ergänzt und mit einer Arbeitsplatte aus MDF vervollständigt. Mit diesem Küchenkonzept wird das gesamte Flair der Wohnung bis ins Detail stimmig.

Geschliffener Estrichboden, eine Midcentury-Couch und viele DIY-Möbel – fertig ist der stylishe und coole Look!

Wohnen und Schlafen werden hier durch den Vorhang, der wie ein Raumteiler wirkt, getrennt. Für besonderen Komfort habe ich eine Fernbedienung einbauen lassen, mit der das Licht auch vom Bett aus im Liegen an- und ausgeschaltet werden kann.

DIY

Warum nicht mal ein verspieltes Bett bauen, das nicht nur Kinder gut finden? Hier wurden vier Paletten miteinander verschraubt und aus dicken Vierkanthölzern wurde eine Hausstruktur errichtet. Zum Schluss habe ich eine Lampe aus dem Baumarkt locker um den Dachfirst gewickelt. Ähnliche Bauanleitungen gibt's bei Pinterest.

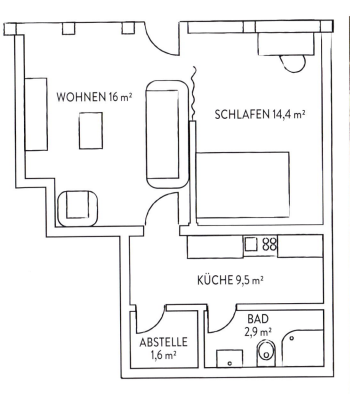

Sehr stilecht: Auf den üblichen Fliesenspiegel hinter der Küchenzeile habe ich hier verzichtet. Stattdessen wurden – wie auch für den Rest der Küchenverkleidung – MDF-Platten verwendet, die dank zweier Klarlackschichten abwaschbar sind.

GESAMTBUDGET

KOSTEN: 761 EURO **1** Vorhang mit Schubkasten-Print: H&M Home, 15 Euro, **2** Bahn-Laterne: Flohmarkt, 5 Euro, **3** Tür: DIY, Material aus dem Globus Baumarkt, 50 Euro, **4** Couchtisch: DIY aus Reststücken vom Küchenbau, **5** Couch: Haushaltsauflösung, 50 Euro (ähnliche gesehen bei Ebay), **6** Vier Kissen: H&M Home, je 5 Euro

7 Hirschkopf: Depot, 20 Euro, **8** Lampe: Globus Baumarkt, 12 Euro, **9** Bettwäsche mit New-York-Print: NKD, 8 Euro, **10** Hausbett: DIY, vier Paletten, je 50 Euro, plus Holzmaterial aus dem Globus Baumarkt, 50 Euro, **11** Drahtkorb: Flohmarkt, 5 Euro, **12** Vier Schwerlastregale für die Küche: Globus Baumarkt, je 39 Euro, **13** Holzmaterial für die Küche: Globus Baumarkt, ca. 100 Euro

Nicht im Bild: Zehn Klemmbretter: Depot im Sale, je 2 Euro; Sessel: Haushaltsauflösung, 20 Euro; 50er-Jahre-Barwagen: Gebrauchtmöbelmarkt, 5 Euro; Kleiderstange: Holz und Haken, Globus Baumarkt, 15 Euro; Basketballkorb: Ebay Kleinanzeigen, 10 Euro

Ein hübscher alter Schrank nimmt alles auf, was man so kurz vor dem Ausgang benötigt: Schals, Mützen, den Schlüssel. So wird garantiert nichts vergessen und nichts liegt rum.

MÄDCHENBUDE

Kommen Sie rein und schauen sich um — es ist sehr feminin hier, aber nicht kitschig! Eine Wohnung mit skandinavischen Einflüssen.

801 Euro

Interieur für 28,9 m²

MÄDCHENBUDE

DIY
Tiefergelegt: Aus einem Esstisch wurde mit einigen beherzten Sägestrichen ein Couchtisch gemacht. Es lohnt sich also, ausgedienten Möbeln eine zweite Chance zu geben!

In dieser Wohnung wurde immer mal wieder improvisiert: eine Theke aus einer Toilettentür, ein Tisch mit abgeschnittenen Beinen – wie wunderbar und individuell das ist!

Eine Wohnung in „Mädchenfarben", eingerichtet im zurzeit so angesagten skandinavischen Stil – die musste unbedingt mit ins Repertoire! Puderrosa, Weiß, Grau und Eisblau: diese zarten und leisen Töne haben hier Einzug gehalten. Dazu kommen die knallgelben Bilderrahmen und die Laterne, mit denen ich sonnige Akzente gesetzt habe. Nachdem das Farbkonzept stand, habe ich mich auf die Suche nach schlichten Möbeln gemacht, die in dieses Flair passen. Toll: Auf dem Flohmarkt fand ich die kleine weiße Kommode, die jetzt neben der Couch steht. Auch bei dem Sofa im 50er-Jahre-Stil war mir das Finderglück hold – es stammt vom „Möbelschweden" und war preisreduziert. Ein passender Couchtisch ließ sich aber partout nicht finden. Da fiel mir ein kleiner Esstisch ein, den ich einmal bei einer Haushaltsauflösung gekauft hatte und nicht mehr benutzte. Ritsch-ratsch! Kurzerhand sägte ich die Beine des Tisches auf die passende Länge ab. Nun bin ich sehr glücklich mit dem Ergebnis: ein perfektes Ensemble! Bevor man sich von einem Möbelstück trennt, sollte man also immer überlegen, ob man ihm eventuell durch eine simple Veränderung zu einem zweiten – oder sogar dritten – Leben verhelfen kann. Weil es keinen Platz für einen Esstisch gab, kam ich auf die Idee, zwischen der Badezimmertür und der Schlafzimmertür eine Theke zu bauen. Da mein Budget schon fast aufgebraucht war, musste etwas her, was quasi nichts kostet. So schnappte ich mir eine alte Klotür, die auf der Baustelle übrig geblieben war. Mithilfe von Winkeln wurde sie an der Wand fixiert. Aus einem „Fallrohr", ebenfalls ein Abfallstück, habe ich die seitliche Fußstütze gemacht. Den Türgriff montierte ich ab und hänge ihn als witzigen Geschirrtuchhalter an die Wand darüber. Das geradlinige Bett und die eisblaue Schlafzimmerwand mit dem selbstgemalten Baum passen prima zu der klaren, nordischen Gestaltung. Und wer weiß, vielleicht fällt ja auch das eine oder andere Träumelein auf den Bewohner herab.

Die Uhr hat ein neues Ziffernblatt bekommen. So passt sie farblich prima zum Rest der Einrichtung.

MÄDCHENBUDE

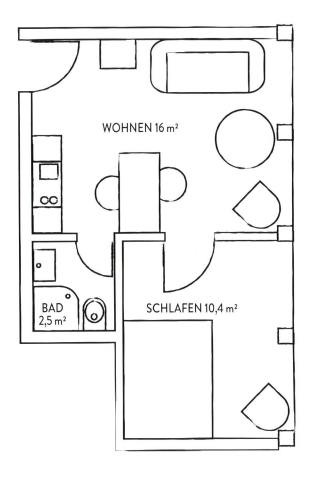

Die Strohhüte habe ich in einem Sozialkaufhaus für je 50 Cent gekauft und mit hübschen Stoffbändern aufgepeppt. Nun sind sie ein formidables Deko-Detail und machen das kleine Schlafzimmer richtig kuschlig.

GESAMTBUDGET

KOSTEN: 801 EURO **1** Messing-Garderobe: Ebay, 4 Euro, **2** Drei Rollen Tapete: Ikea im Sale, „Brakig"-Kollektion, je 5 Euro, **3** Schwarze Lampe: Ikea, 20 Euro, **4** Kleine weiße Kommode: Flohmarkt, 10 Euro (ähnliche gesehen bei car-Selbstbaumöbel), **5** Bilder: Rahmen vom Flohmarkt, Inhalt DIY, 4 Euro (ähnlich gesehen bei Human Empire Shop), **6** Sofa: Ikea im Sale, 199 Euro, **7** Couchtisch: Haushaltsauflösung, 10 Euro, **8** Teppich: Flohmarkt, 30 Euro, **9** Zwei Gardinen „Merete": Ikea, 80 Euro

10 Hocker: Flohmarkt, umlackiert und neu bezogen, 4 Euro (ähnlicher Hocker bei Ikea), **11** Zwei Schmetterlingskissen: Ikea, je 4,50 Euro, **12** Ast: aus dem Wald, mit Anhängern von Ikea, 3 Euro, **13** Uhr: NKD, 2 Euro; Ziffernblatt DIY mit Geschenkpapier, **14** Bezugsstoff Hocker: Ikea, „PS"-Kollektion, 2 Euro

15 Sechs Hüte: Sozialkaufhaus, je 0,50 Euro; dazu Deko-Bänder, 1 Euro, **16** Boxspringbett: FTM-SB-Möbellager, 350 Euro, **17** Tagesdecke: Vossberg, aber gebraucht gekauft auf dem Flohmarkt, 10 Euro, **18** Rosa Sessel: FTM-SB-Möbellager, 40 Euro, **19** Silberfarbene Stehlampe: Flohmarkt, 5 Euro

TIPP

Es ist wirklich nicht schwierig, alte Sitzmöbel aufzupeppen. Gefällt Ihnen die Form Ihrer Stühle noch, das Polster ist aber fleckig geworden? Dann kaufen Sie passenden Stoff und befestigen Sie ihn mit einem Möbeltacker an der Unterseite. Das geht ganz schnell und ist sehr kostengünstig. Wenn Sie dann noch einen neuen Lack aufstreichen, haben Sie im Handumdrehen quasi neue Stühle.

BLACK AND WHITE

779 Euro — Interieur für 31,2 m²

Sie mögen es nicht so farbig? Dann sind Sie hier richtig, denn klassisches Schwarz-Weiß mit einem Spritzer Rot geht immer!

Die schwarzen Kaffeehausstühle standen mit einem „Zu verschenken"-Schild am Straßenrand. Klar, dass ich sie mitgenommen habe.

Der Schwarz-Weiß-Look ist – auch beim Einrichten – ein Alltime-Klassiker, der bei Männern und Frauen gleichermaßen hoch im Kurs steht. Ausschlaggebend für die Gestaltung dieser Wohnung war die Tapete mit schwarz-weißem Häuserprint, die ich im Fachgeschäft entdeckt hatte. Hier wurde sogar ein grauweißer Boden verlegt, der zum Rest noch stimmiger ist als eine dunkle Holzoptik. Die Idee, als Akzentfarbe noch Rot dazuzunehmen, empfinde ich als großen Pluspunkt. Da der Wohn-Ess-Raum relativ klein ist, entschied ich mich für ein kleines Zweisitzersofa in Grau. Die roten und schwarzen Deko-Bretter an der Wand stammen aus einer Sonderserie von Ikea und gefielen mir von Anfang an super. Als interessanten Gegenpol hängte ich das Porträt eines kleinen Jungen auf die tapezierte Wand. Mehr an Deko ist hier nicht nötig, denn das Tapetenmuster wirkt selbst schon wie ein Bild.

Der Esstisch steht hier mitten im Raum, sodass man mit mehreren Personen daran Platz nehmen kann. Wie gerufen für dieses Konzept kamen mir die schwarzen Kaffeehausstühle, die zufällig am Straßenrand standen. Nachdem ich den Stoff der Sitzfläche erneuert habe, sehen sie wieder tipptopp aus.

Im Schlafzimmer habe ich mithilfe eines kleinen schwarz-weißen Schreibtischs aus dem Gebrauchtmöbelmarkt einen einladenden Arbeitsplatz geschaffen. Die Wand hinter dem schlichten Holzbett hat eine eisblaue Farbe erhalten, darauf „fliegt" ein Schwarm selbstklebender Vögel. Auf Nachttische wurde verzichtet; stattdessen habe ich geometrische Deckenlampen installiert, die die Bettlektüre optimal beleuchten.

Die eisblaue Wand ist ein eleganter Hintergrund für den Schlafplatz, und das Vogel-Tattoo ist schnell gemacht. Achten Sie unbedingt auf farblich passende Bettwäsche für eine harmonische Gesamtwirkung.

DIY

Wenn Sie sich für eine gemusterte Tapete entscheiden, dann brauchen Sie nicht mehr viele Bilder. Hängen Sie stattdessen lieber Miniregale auf, die Sie mit Pflanzen bestücken oder mit farblich passender Deko verschönern. Diese Miniregale sind von Ikea. Sie können aber auch kleine Brettchen farbig lackieren und als Gruppe aufhängen.

Da ich keinen herkömmlichen Beistelltisch gefunden habe, der mir gefiel, funktionierte ich einen Hängeregalwürfel um. Dazu entfernte ich die Aufhängbeschläge und stellte den Würfel als Ablagemöglichkeit neben die Couch.

BLACK AND WHITE

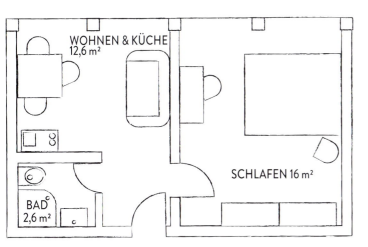

Im Schlafzimmer steht ein Schreibtisch. Er kann entweder zum Arbeiten mit dem Rechner genutzt werden oder dank des Spiegels als Schminktisch – je nach Bedarf.

GESAMTBUDGET

KOSTEN: 779 EURO **1** Rote Lampe: Ikea im Sale, „Rissby"-Kollektion, 7 Euro, **2** Figur-Gardine „Langör": Ikea, 30 Euro, **3** Weiße Blumenvase: Depot, 4 Euro, **4** Tisch: FTM-SB-Möbellager, 60 Euro, **5** Kaffeehausstühle: Straßenfund

6 Gardine „Werna": Ikea, 40 Euro, **7** Graue Bodenvase: Flohmarkt, 2 Euro; Zweige: aus dem Wald; Wabenbälle: Ikea, 5 Euro, **8** Vogel-Wandtattoo: Ikea, 10 Euro, **9** Zwei schwarze Hängelampen: Depot, je 15 Euro, **10** Bett: Ikea, 250 Euro, **11** Roter Stuhl aus Acryl: Depot im Sale, 25 Euro (ähnlich gesehen von Kartell), **12** Zwei Teppiche: bonprix, zusammen 30 Euro

13 Vier Rollen Tapete: Rasch über Farben Felber, je 15 Euro, **14** Sofa „Knopparp": Ikea, 69 Euro, **15** Wandbretter: Ikea, „Rissby"-Kollektion, zusammen 15 Euro, **16** Bilder: Flohmarkt, 2 Euro, **17** Blumenvase: Flohmarkt, 7 Euro, **18** Spiegel: Flohmarkt, 3 Euro (ähnlich gesehen bei Ikea), **19** Schreibtisch: Grümel Sammelsurium Zentrum, 10 Euro, **20** Stuhl am Schreibtisch: Depot im Sale, 10 Euro

Nicht im Bild: Kleiderschrank: FTM-SB-Möbellager, 110 Euro

ZU HAUSE IM URLAUB

635 Euro
Interieur für 39,8 m²

Warum denn immer nur vom Urlaub träumen? Wenn Sie sich die eigenen vier Wände so gestalten wie ein Feriendomizil, dann haben Sie selbst im Alltag ein Urlaubsglücksgefühl!

Wenn ich an Urlaub denke, dann sehe ich das blaue Meer vor mir – und die Sonne, die orangefarben am Horizont versinkt. Ein durch und durch angenehmes Gefühl! Solch eine Stimmung wollte ich mit dieser Wohnung vermitteln. Für einige Wände im Ess- und Wohnbereich wählte ich ein Hellblau und auch für das Schlafzimmer einen Blauton, allerdings in dunklerer Nuance. Der Kochbereich wurde durch eine Theke abgetrennt. Sie besteht aus zwei „Billy"-Regalen und einer Arbeitsplatte, die oben montiert wurde. Man kann auf der einen Seite auf Hochstühlen sitzend essen und auf der anderen Seite Bücher unterbringen. Um die Regalrückwände zu kaschieren, habe ich eine weiß gestrichene MDF-Platte angebracht.

Die bequeme Couch, ein Ikea-Klassiker, erhielt einen hellblauen Bezug, der gerade im Sale zu haben war. Im Gebrauchtmöbelladen machte ich mal wieder einen echten Glücksfund: der Teak-Couchtisch aus den 60er-Jahren kam gerade recht, um das Ganze zu vervollständigen! Eine lockere Atmosphäre herrscht am weiß gebeizten Massivholztisch, der sich für Besucher auch noch vergrößern lässt. Zusammen mit den unterschiedlichen Sperrmüllstühlen – einer davon wurde türkis lackiert – macht er richtig gute Laune. Dazu trägt auch das große Textilbild über dem Essplatz bei – ein selbst gemachtes Stück unter Verwendung eines Designer-Stoffs.

Zeitlos schön sind der runde 60er-Jahre-Spiegel und der Rollladenschrank aus der gleichen Zeit. Letzteren fand ich ungenutzt im Keller des ehemaligen Bürogebäudes, der Spiegel kommt vom Trödel. Vor der blauen Wand wirkt das weiße Bettgestell fast wie ein Holzboot, in dem man sich sanft in den Schlaf schaukeln lassen kann, oder? Durch die beiden Kristallleuchter, die als Leselampen dienen, wird der Schlafplatz stilvoll eingefasst. Die Wandteller könnten Urlaubsmitbringsel sein, die schöne Erinnerungen wachrufen. Als Kleiderschrank dienen zwei Metallspinde, die ich bei einer Geschäftsauflösung gefunden habe. Eine kleine Schreibtischecke bietet Platz für einen Laptop – die alte Schreibmaschine ist natürlich nur ein augenzwinkerndes Deko-Utensil.

Frisches Meerblau und orange Tupfer, die an die untergehende Sonne erinnern, zaubern Urlaubsflair.

ZU HAUSE IM URLAUB

Der alte Rolladenschrank ist ein Fundstück aus dem Keller des Glückshauses. Er ist tipptopp in Schuss und praktisch obendrein, denn man kann vieles darin verschwinden lassen.

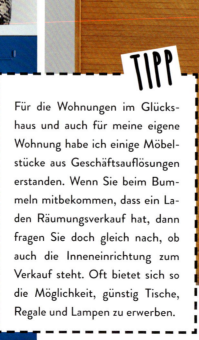

TIPP

Für die Wohnungen im Glückshaus und auch für meine eigene Wohnung habe ich einige Möbelstücke aus Geschäftsauflösungen erstanden. Wenn Sie beim Bummeln mitbekommen, dass ein Laden Räumungsverkauf hat, dann fragen Sie doch gleich nach, ob auch die Inneneinrichtung zum Verkauf steht. Oft bietet sich so die Möglichkeit, günstig Tische, Regale und Lampen zu erwerben.

TIPP

Schauen Sie nach günstigen Keilrahmen, auf die Sie Lieblingsstoffe auftackern können. Das geht ganz schnell und so können Sie ruck, zuck ein großformatiges Bild in Ihre Wohnung integrieren.

Dadurch, dass die Couch mitten im Raum steht, trennt sie den Essplatz vom Wohnbereich optisch ab und der Raum wirkt strukturiert. Der hellblaue Bezug für das klassische „Ektorp"-Sofa von Ikea war gerade reduziert und passte super in mein Farbkonzept.

Eine Nische im Schlafzimmer ist als Büroecke gestaltet. Ich habe noch zusätzliche Wandnischen mauern lassen, um Abstellfläche zu gewinnen. Hier steht ein cooler 60er-Jahre-Schreibtisch und darauf als Deko-Objekt eine Vintage-Schreibmaschine. Viel Stauraum bietet der 50er-Jahre-Küchenhängeschrank darüber.

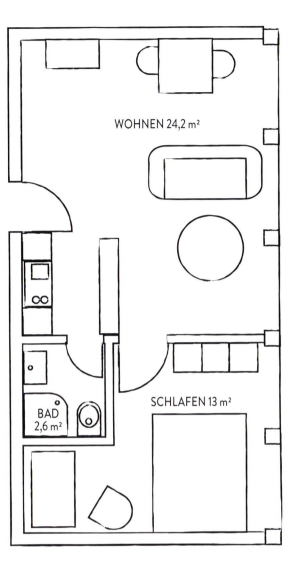

Teller an der Wand liebe ich sehr und besonders schöne Exemplare wie diese hier müssen unbedingt aufgehängt werden. Ich muss dabei an eine griechische Insel denken und könnte dabei gleich in diesem Bett davon träumen.

GESAMTBUDGET

KOSTEN: 635 EURO **1** Gehäkelte Decke über der Couchlehne: Flohmarkt, 4 Euro, **2** Teak-Couchtisch: Grümel Sammelsurium Zentrum, 20 Euro, **3** Teppich mit Punkten: Tiger, 10 Euro, **4** „welcome"-Schriftzug: Depot, 5 Euro, **5** Zwei orangefarbene Deckenlampen: Ikea, je 4 Euro, **6** Pflanze: Aldi, 4 Euro, **7** Selbst gebaute Theke: zwei „Billy"-Regale von Ikea, USB-Platte und MDF-Platte, insgesamt 80 Euro

8 Vasen: Flohmarkt, zusammen 3 Euro, **9** Blau-weiße Metallspinde: Geschäftsauflösung, 50 Euro, **10** String-Regal: Flohmarkt, 5 Euro, **11** Vintage-Rolladenschrank: Kellerfund, **12** Grafisches Bild: Stoff von Stoff und Stil, über Rahmen getackert, 20 Euro, **13** Stuhl: Sperrmüll, **14** Esstisch: FTM-SB-Möbellager, 80 Euro, **15** Sofa „Ektorp": Ikea im Sale, 199 Euro

16 Schreibtisch: Haushaltsauflösung, 10 Euro, **17** Stuhl: Haushaltsauflösung, 8 Euro, **18** 50er-Jahre-Hängeschrank: Flohmarkt, 5 Euro, **19** Lampe: Ikea, aber gebraucht gekauft über Ebay Kleinanzeigen, 10 Euro, **20** Zwei Kristallleuchter: Flohmarkt, zusammen 10 Euro, **21** Bett „Askvoll": Ikea, 99 Euro, **22** Fünf Wandteller: Flohmarkt, zusammen 5 Euro

Die Wand in der Bettnische schmückt ein warmer Rotton, aufgelockert durch literarisch wertvolle Deko-Elemente.

HERREN-BIBLIOTHEK

Hier sollten Besucher Zeit mitbringen, denn zum Schmökern gibt es in diesem Apartment jede Menge.

856 Euro — Interieur für 15,4 m²

HERREN-BIBLIOTHEK

Statt einer Couch gibt es eine selbst gebaute Bank, direkt über der Heizung vor dem Fenster. Hier ist jeder Platz genutzt und einen guten Ausblick hat man obendrein.

Meine Ambition war es, in dieser Wohnung ein etwas maskulineres Umfeld zu schaffen, denn schließlich sollen in manche Apartments ja auch Männer einziehen. Als ich die schwarz-weiße Tapete mit dem Fotodruck von gestapelten Zeitungen fand, hatte ich ein wichtiges und ausschlaggebendes Gestaltungselement, auf dem ich aufbauen wollte. Eine Wand der kleinen Souterrainwohnung wurde damit tapeziert, während die übrigen Wände ein warmes Tomatenrot erhielten. Übereinstimmend dazu halten sich alle verwendeten Möbel in Schwarz-Weiß. Das schon einige Male eingesetzte Boxspringbett mit dem schwarzen Rahmen passte perfekt in die Schlafnische und wurde mit einem roten Glasnachttisch ergänzt – eigentlich ein Laptopgestell. Ein ausgefuchster Deko-Einfall sind die Reclam-Hefte, die ich an den Wänden fixierte – zum Teil einzeln, zum Teil als kleine Türme, sodass sie die Zeitungsstapel von der Tapete aufgreifen.

Über den alten Rippenheizkörper, der sich vor dem bodentiefen Fenster befindet, ließ ich eine Sitzbank bauen. Die von einer Küche übrig gebliebene Arbeitsplatte wurde hierfür auf die passende Länge gekürzt und mit kreisrunden Löchern durchbohrt, damit die aufsteigende Heizungsluft durchziehen kann. Als Stütze dienen vier Metallfüße, die sich auf die gewünschte Höhe stellen lassen. So sieht es nicht nur hübscher aus, sondern man kann nun auch direkt am Fenster sitzen und rausschauen. Wegen der geringen Raumgröße griff ich im Essbereich wieder einmal auf einen Klapptisch und einen Hocker zurück. Dies spart Platz und lässt die Wohnung nicht vollgestopft wirken. Auf Hängeschränke über der Küchenzeile habe ich aus dem gleichen Grund verzichtet und stattdessen ein trendiges String-Regal aufgehängt. So konnte ich insgesamt ein ziemlich luftiges Feeling kreieren. Herrlich, nicht wahr?

HERREN-BIBLIOTHEK

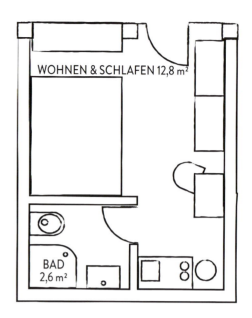

Der Nachttisch ist eigentlich ein Notebook-tisch. Man kann ihn auch über das Bett schieben, wenn man vom Bett aus darauf arbeiten möchte. Oder decken Sie ihn doch lieber für ein Frühstück im Bett?

GESAMTBUDGET

KOSTEN: 856 EURO **1** Großes gerahmtes Bild: Flohmarkt, 4 Euro, **2** Reclam-Hefte: Flohmarkt, zusammen 10 Euro, **3** Zwei Vorhänge „Vivan" in Schwarz und Weiß: Ikea, je 15 Euro

4 Bilder mit Blätterdruck: DIY, 2 Euro, **5** Pantry-Küche: Ebay, 200 Euro, **6** Fliesenspiegel: Globus Baumarkt, 25 Euro, **7** String-Regal: Flohmarkt, 4 Euro, **8** Acht rote Vasen: Flohmarkt, je 2 Euro

9 Wandlampe „Hektar": Ikea, 15 Euro, **10** Boxspringbett: FTM-SB-Möbellager, 300 Euro (ähnlich bei Ikea), **11** Laptopgestell „Vittsjö": Ikea, 20 Euro, **12** Bettwäsche: Tom Tailer im Sale, 15 Euro, **13** Zwei Kissen: Depot im Sale, je 7 Euro, **14** Blumenvase: Flohmarkt, 2 Euro, **15** Kommode „Malm": Ikea, 59 Euro, **16** Kleiderschrank „Aneboda": Ikea, 69 Euro, **17** Zwei Kästen auf dem Schrank: Dänisches Bettenlager, je 3 Euro, **18** Rotes Hängeregal: Flohmarkt, 4 Euro, **19** Drei Rollen Zeitungsstapel-Tapete: Farben Felber, je 5 Euro, **20** Klapptisch „Norberg": Ikea, 36 Euro, **21** Zwei Hocker „Marius": Ikea, je 5 Euro

TIPP

Verwenden Sie in ganz kleinen Räumen unbedingt Wandklapptische und Hocker. Bei Bedarf hochklappen, das spart viel Platz und es sieht nicht vollgestellt aus! Die Zeitungstapete in Schwarz-Weiß ist ein prima Kombipartner, da alle Farben wunderbar dazu ergänzt werden können.

PALETTEN-WEISE IDEEN

538 Euro
Interieur für 15,6 m²

Viele tolle und individuelle Anregungen für Wohnen im Industrie-Look. Das finden Jungs wie Mädels dufte.

Hier gibt es ein selbst gebautes Daybed aus Paletten mit viel Stauraum für weiblichen Krimskrams und als Beistelltisch eine Kabeltrommel.

Industriepaletten sind sehr günstig zu bekommen und realtiv einfach zu verbauen. Deshalb wollte ich auf jeden Fall auch eine Wohnung mit Palettenmöbeln einrichten. Für diesen „Industrie-Look" wählte ich ein Einraumapartment, das nur 15,6 Quadratmeter misst. Das Bett ist aus vier Paletten gebaut. Es ist so konzipiert, dass man es tagsüber als Sofa nutzen kann: die umlaufende Umrandung macht es möglich, zahlreiche Kissen darauf zu drapieren, wodurch eine bequeme Sitzgelegenheit entsteht. Um Stauraum zu gewinnen, habe ich bei den Paletten, auf denen das Bett ruht, die Mittelstreben entfernt. Dadurch gibt es jetzt viel Platz für praktische Schubkästen, in denen man das Bettzeug aufbewahren kann. Davor deponierte ich als Beistelltisch eine ausgediente Kabeltrommel, die ich einfach lässig in ihrem ursprünglichen Outfit beließ. An der Wand oberhalb des Betts befestigte ich Hängeschränke – auch ein super „Raumwunder-Trick"! Diese Hängeschränke entstammen einer ehemaligen Küche. Warum nicht zweckentfremden? Es ist auch denkbar, solche ausrangierten, neu lackierten Küchenelemente dicht über dem Boden aufzuhängen und mit einer Platte zu bedecken, dann wirken sie wie ein Sideboard. Ebenfalls aus Paletten gefertigt sind die Wandhalterung für den Fernseher und das danebenhängende Regal. Weil in dieser Wohnung wirklich wenig „Luft" ist, habe ich mich beim Essplatz für einen Klapptisch entschieden. Eine prima Ergänzung dazu sind die Hocker, deren Sitzfläche ich farblich akzentuiert habe – passend zu den fantastischen Flurschränken. Dabei handelt es sich um alte Metallspinde vom Trödler, die sich thematisch hervorragend einfügen. Orange und Taubenblau sind die maßgeblichen Farben in dieser Wohnung – ein optimales Beiwerk zu den rauen Holzoberflächen der Industriepaletten.

Um möglichst viel Industrieflair zu schaffen, wurden aus Palettenreststücken Regale gebaut. Dieses hängt über dem Esstisch und kann jede Menge Deko aufnehmen, oder aber auch Dinge, die man griffbereit am Esstisch braucht.

TIPP

Nicht jeder ist handwerklich begabt. Wenn Sie gern Möbel aus Paletten in Ihrem Zuhause haben möchten, sich aber nicht zutrauen, sie selbst zu bauen, dann fragen Sie in Ihrem Bekanntenkreis. Bestimmt findet sich jemand, der mit Ihnen kreativ wird. Machen Sie ein „Event" daraus! Viele Bauanleitungen und weitere Ideen finden Sie bei Pinterest.

Der Metallspind ist ein Trödler-Fund. Die Türen waren schon leuchtend orange – wie passend für hier! Nur von innen wurde der Schrank noch mal neu lackiert, da er ordentlich Gebrauchsspuren hatte.

PALETTENWEISE IDEEN

Eine der kleinsten Wohnungen im Glückshaus, die aber trotzdem mit viel Stauraum überrascht: unter dem Bett befinden sich drei riesige Schubladen und über dem Bett sind umfunktionierte Küchenhängeschränke angebracht. Unter der Küchenzeile gibt es noch mehr Platz und ebenso in den Metallspinden. Trotzdem wirkt es nicht beengt.

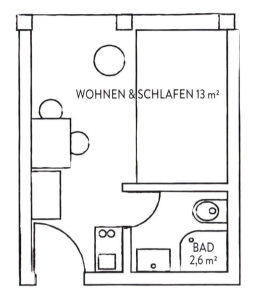

GESAMTBUDGET

KOSTEN: 538 EURO **1** Hängeschränke: FTM-SB-Möbellager, 30 Euro, **2** Sechs Kissen auf dem Bett: Ikea, je 4 Euro, **3** Palettenbett: DIY aus Paletten vom Palettenwerk Krenzer plus Schrauben, Material zusammen ca. 330 Euro, **4** Beistelltisch: alte Kabeltrommel – Abfallprodukt von der Baustelle, **5** Teppich: Dänisches Bettenlager, 10 Euro, **6** Vorhänge: bonprix, 25 Euro

7 Klapptisch „Norbo": Ikea, 30 Euro, **8** Zwei Hocker „Frosta": Ikea, je 13 Euro

9 Garderobe: schwarze und weiße Hakenleiste vom Dänischen Bettenlager, je 3 Euro, auf ein Stück Restpalette geschraubt, **10** Zwei Metallspinde: Trödler, zusammen 50 Euro (ähnliche gesehen bei car-Selbstbaumöbel), **11** Eine Rolle Tapete: Ikea, „Brakig"-Kollektion, 7 Euro

KLEINER FUCHSBAU

Ganz natürlich wachsen hier Grüntöne, eine Tapete in Holzoptik und tolle Accessoires zusammen.

499 Euro

Interieur für 21,2 m²

Ein liebevoll in passendem Grün gestrichener Bauernstuhl und ein alter Einmachschrank, der aufgepeppt wurde – das lässt nicht nur Fuchsherzen höherschlagen.

Ein ganz winziger und sehr natürlich wirkender Unterschlupf ist das Einraumapartment, das ich „Kleiner Fuchsbau" getauft habe. Hier „wohnt" ein großer Fuchs: das auffällige Bild über der Couch habe ich selbst gestaltet. Mutter Natur lässt überall grüßen, zum Beispiel in Form der Tapete in Holzoptik, mit den wiederkehrenden Grüntönen, den Spiegelwaben und kleinen Accessoires wie den Fliegenpilzen. Es war eine große Herausforderung, auf engstem Raum alle Wohnfunktionen unterzubringen. Unter das Fuchsbild stellte ich deshalb eine Schlafcouch, die unter der Liegefläche noch Platz für Bettzeug und Sonstiges bietet. Der Couchbeistelltisch ist gleichzeitig der Nachttisch – ein Würfel, der eigentlich für die Aufhängung an der Wand gedacht war. Beide Möbelstücke habe ich in einem Laden für Restposten gefunden.

Stauraum bietet außer dem Kleiderschrank noch eine Ikea-Kommode, die ich mit ausgeschnittenen und selbst bedruckten Korkplatten verschönert und individualisiert habe. Um beim Motto Natur zu bleiben, wählte ich eine Garderobe in Baumform. Mein Lieblingsstück in dieser Wohnung ist der alte Einmachschrank, den ich bei einer Haushaltsauflösung aufgetan habe. Er soll sein wahres Alter nicht verleugnen und so beließ ich ihn im Shabby-Look, hübschte ihn lediglich ein wenig mit Farbe auf. Jetzt macht er als Geschirr- und Bücherschrank eine fantastische Figur.

Die Spiegelwaben mit Silber- und Goldglanz wurden an den Seitenwänden angeordnet, um eine größere Raumwirkung zu erzielen. In einer Ecke der Miniküche habe ich Kaffeehaustapete verklebt. Dieses Wanddekor verhilft der sehr kleinen Kochnische zu einem besonderen Status innerhalb der Wohnung. Gleichzeitig trennt sie optisch und thematisch die offen gehaltenen Bereiche voneinander ab.

TIPP

Hängen Sie in kleinen Räumen Spiegel auch mal an gegenüberliegende Wände. Sie erzielen einen super Effekt und der Raum wirkt optisch gleich viel größer.

Tagsüber kann man auf dem Sofa gemütlich sitzen und nachts entpuppt es sich als Bett. Kästen nehmen solange die Bettwäsche auf, denn wenn Wohnen und Schlafen in einem Raum stattfinden, ist Ordnung oberstes Gebot.

KLEINER FUCHSBAU

Die Küchenecke wird thematisch durch eine Kaffeehaustapete von der restlichen Wohnung abgegrenzt. Dadurch erhält sie viel Charme. Ein Bild habe ich hier nicht aufgehängt, der Druck ist spannend genug.

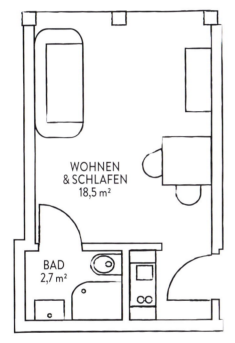

GESAMTBUDGET

KOSTEN: 499 EURO **1** 60er-Jahre-Wanduhr: Grümel Sammelsurium Zentrum, 2 Euro, **2** Wandbild: Druck von Ikea, 4 Euro; Rahmen vom Flohmarkt, 2 Euro, **3** Wabenförmige Spiegelfliesen: Ikea, 15 Euro, **4** Grüner Bauernstuhl und weißer Hocker am Tisch: beides Sperrmüllfund, neu lackiert, Lack 5 Euro, **5** Tisch: FTM-SB-Möbellager, 40 Euro, **6** Alte Teekanne von Waechtersbach: 60er-Jahre-Flohmarkt, 3 Euro, **7** Alter Vorratsschrank: Haushaltsauflösung, 10 Euro, plus Lack, 5 Euro

8 Fuchsbild: Stoff von Stoff und Stil, 15 Euro, plus Leinwand, 8 Euro, **9** Drei Rollen Tapete in Holzoptik: OBI, je 9 Euro, **10** Gardine „Vivan": Ikea, 15 Euro, **11** Schlafcouch: FTM-SB-Möbellager, 150 Euro, **12** Häkel-Kissen: Flohmarkt, 10 Euro, **13** Nachttischwürfel: FTM-SB-Möbellager, 10 Euro

14 Baumgarderobe: Möbellager, 8 Euro, **15** Eine Rolle Kaffeehaustapete: Farben Felber im Sale, 12 Euro

Nicht im Bild: Kleiderschrank „Aneboda": Ikea, 69 Euro; Teppich: bonprixc, 30 Euro; Kommode „Malm": Ikea, 59 Euro

978 Euro — Interieur für 39,4 m²

Glück ist jetzt.

Stimmungsvolles Licht zaubern die beiden Bastkugeln aus den 60er-Jahren, die das Bett säumen. Die gemauerten Nischen mit den Deckenspots bieten Deko-Fläche und zusätzliche Komfortbeleuchtung.

INTENSIV UND GESCHMACKVOLL: MARSALA

Hier wohnt es sich edel und gemütlich. Und ein Glas Marsala-Wein trinken kann man natürlich auch!

TIPP

Hängen Sie mehrere, unterschiedlich große Stuckrosetten zusammen auf. Sie kommen in der Gruppe besonders gut zur Geltung. Es gibt sie unbehandelt, sodass sie in jeder erdenklichen Wandfarbe gestrichen werden können.

INTENSIV UND GESCHMACKVOLL: MARSALA

arsala ist nicht nur ein traditioneller sizilianischer Dessertwein aus der gleichnamigen Hafenstadt – sondern auch die „Pantone-Trendfarbe des Jahres 2015". Klar, dass ich diesem ungewöhnlichen Rotton auch eine Wohnung widmen wollte. Zumal es eine sehr kombinationsfreudige Farbe ist, die ich hier mit Hellgrau und Holztönen ergänzt habe. Das Ergebnis ist sehr stilvoll und edel. An verschiedenen Stellen finden sich kleine Farbakzente in Puderrosa. Die auffälligsten Dekorationsteile habe ich im Baumarkt erworben: Stuckrosetten aus Polyresin wurden in unterschiedlicher Ausführung und Größe an die marsalafarbene Wand geklebt. Normalerweise hängen solche Rosetten an der Decke – durch die „falsche" Postionierung erhalten sie einen überraschenden Aha-Effekt.
Der Tisch aus Eiche und die passende Bank waren ein toller Fund im Ausverkauf: Modern und schnörkellos bildet die Essgruppe einen willkommenen Kontrast zur restlichen Einrichtung. Die Papierdeckenleuchte schwebt wie eine knuffige Schönwetterwolke über dem Esstisch.
Im Schlafzimmer geht es dezent weiter. Innerhalb der Wandnische wurde eine monochrom helltürkise Tapete angebracht. Der Vorbau versteckt Rohre und wurde bewusst auf dieser Höhe ausgeführt, um gleichzeitig als Ablagefläche zu fungieren. Hübsche, farblich passende Bilder konnte ich bei einer Haushaltsauflösung finden.
Zusätzlich wurde im Schlafzimmer ein Arbeitsplatz integriert. Dafür habe ich zwei Metallböcke mit einer Arbeitsplatte versehen. Die Schmetterlinge an der Wand sind eine typische 60er-Jahre-Deko, die ich bezaubernd finde. Man entdeckt sie häufig auf dem Flohmarkt und kann sie später umlackieren, sollten sie nicht den gewünschten Farbton haben.

An dem großen Eichentisch und der passenden Bank können vier Leute sitzen und bei einem Glas Rotwein speisen. Die Deckenlampe, die aussieht wie eine Schönwetterwolke, zaubert feines Licht.

INTENSIV UND GESCHMACKVOLL: MARSALA

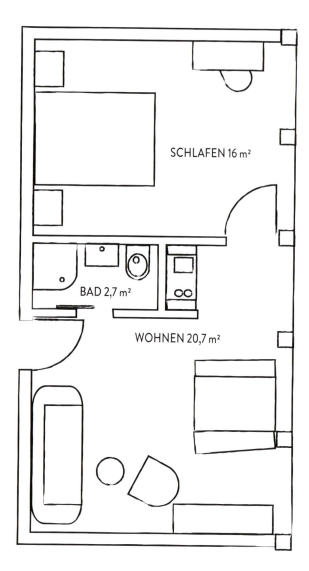

Ein flauschiger Teppich vor der Couch hilft gegen kalte Füße. Der kleine Tabletttisch nimmt sich zurück, schafft aber dennoch Platz für die Tasse mit heißem Kakao.

 GESAMTBUDGET

KOSTEN: 978 EURO **1** Drei Bilder: Haushaltsauflösung, zusammen 5 Euro, **2** Boxspringbett: FTM-SB-Möbellager, 350 Euro, **3** Zwei Nachtschränkchen: Haushaltsauflösung, je 3 Euro

4 Rosetten: Globus, diverse Größen und Muster, zusammen 40 Euro, **5** Sofa „Ektorp": Ikea (Ausstellungsstück), 250 Euro, **6** Drei Kissen: Dänisches Bettenlager, je 3 Euro, **7** Couchtisch: Dänisches Bettenlager, 10 Euro, **8** Teppich: bonprix, 20 Euro, **9** Wolkenlampe „Krusning": Ikea, 15 Euro, **10** Tisch und Bank: Ikea im Sale, 150 Euro, **11** Sideboard: FTM-SB-Möbellager, 80 Euro, **12** Rosafarbener Sessel: FTM-SB-Möbellager, 25 Euro

13 60er-Jahre-Schmetterlinge: Flohmarkt, 4 Euro, **14** Schreibtisch: zwei Böcke und eine Tischplatte von Ikea, zusammen 14 Euro

Im Schlafzimmer ist ein Arbeitsplatz integriert. Zwei Böcke und eine Tischplatte wirken luftig – so sehr, dass gleich drei Schmetterlinge vorbeifliegen.

AUF DIE PLÄTZE, FERTIG, LOS!

Hier wird Wohnstil nicht auf die lange Bank geschoben. Skandinavisch modern und mit zurückhaltenden Farben kommt dieses Einraumwunder daher.

AUF DIE PLÄTZE, FERTIG, LOS!

> **TIPP**
>
> Ihnen fehlen noch ein paar Bilder? Dann kaufen Sie sich eine schöne Zeitschrift, zum Beispiel „Flow". Darin sind immer tolle Prints enthalten, die es wert sind, gerahmt und aufgehängt zu werden. So haben Sie tollen Lesestoff – und gleichzeitig hübsche Bilder für die Wand zum Minibudget.

Erinnern Sie sich noch an Ihren Sportunterricht in der Schule? Kurz bevor es losging, saß man im lärmigen Turnhallen-Umkleideraum auf diesen typischen Holzbänken und musste sich in Windeseile die Sportsachen anziehen. Oben an den Haken wurde die Alltagskleidung aufgehängt, ins untere Fach stopfte man seine Straßenschuhe. Genau eine solche „nostalgische" Kleiderbank habe ich in einem Secondhand-Möbelladen gefunden. Die Holzteile habe ich in Cremeweiß lackiert, damit sie besser zum Boden passen. Und ich muss sagen, ich bin nach wie vor entzückt von diesem tollen Stück, das jetzt als „Keypiece" in dem Apartment steht. Bestimmte Dinge verleihen einer Wohnung einfach den gewissen Pfiff. Ich finde Einrichtungen, die sich nicht allzu ernst nehmen, sehr sympathisch. Warum nicht ein Möbelstück mit hineinnehmen, das aus einem ganz anderen Kontext stammt? Die Kleiderbank ist eine herzerfrischende Augenweide, die vielerlei Zwecke erfüllt: an den Metallhaken kann man Deko-Stücke oder Zeitschriften aufhängen. Das Gestell bietet einen perfekten Rahmen, um wie hier den Fernseher zu integrieren. Auf der Sitzfläche kann man sich – wie früher – niederlassen, um seine Schuhe zuzubinden, oder sie dient als Ablagefläche. Im Schuhfach lassen sich prima Kartons aufbewahren. Stichwort Aufbewahrung: In einem kleinen Raum ist Stauraum natürlich das A und O. Daher habe ich die volle Wandlänge ausgenutzt, um Regale anzubringen – in einer Höhe, die sonst unbeachtet bliebe. Wenn diese Regale nicht komplett vollgestellt werden, dann sind sie nicht nur praktisch, sondern auch dekorativ.

Lässig kommen die Flickenteppiche daher, die es in vielen Läden neuerdings auch in bestimmten Farbnuancen sehr günstig gibt. Entzückende Farbtupfer sind auch die bunten Inka-Kissen auf dem Bett – Schnäppchen aus dem Wintersale. Die Anordnung der Möbel habe ich so gewählt, dass man entweder vom Schlafplatz aus gemütlich fernsehen kann oder von der kleinen Couch aus, die man in fröhlichem Gelb beim schwedischen Möbelriesen bekommt. Der hübsche Holzstuhl stammt vom Flohmarkt. Über dem Essplatz hängen zwei kleine Holzhäuschen, die Tischzubehör beherbergen. Nette Gesellen auf der grafischen grauweißen Tapete!

Der hellgraue Lacktisch sieht schick aus zur ansonsten schlichten Einrichtung und zaubert eine tolle Spiegelung.

AUF DIE PLÄTZE, FERTIG, LOS!

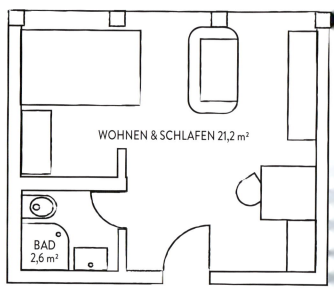

Die Rattan-Lampe über dem Bett ersetzt die Nachtischlampe. Sie spendet ein warmes und gemütliches Licht.

Auch hier spielt sich alles in einem Raum ab. Das Bett steht in einer Nische und wird dadurch besonders heimelig. Die Anordnung ist so konzipiert, dass man entweder vom Sofa oder vom Bett aus fernsehen kann.

GESAMTBUDGET

KOSTEN: 801 EURO **1** Gardine „Merete": Ikea, 70 Euro, **2** Gelbe Couch „Knopparp": Ikea, 69 Euro, **3** Teppich: H&M Home, 7 Euro, **4** Alte Turnbank: FTM-SB-Möbellager, 60 Euro, **5** Sieben Regale oben an der Wand: Ikea, je 4 Euro; acht Boxen: Ikea, je 2 Euro, **6** Esstisch: FTM-SB-Möbellager, 40 Euro, **7** Holzstuhl: Flohmarkt, 4 Euro (ähnliche gesehen bei car-Selbstbaumöbel), **8** Deckenlampe: Ikea im Sale, 5 Euro, **9** Kommode „Malm": Ikea, 59 Euro

10 Vier Rollen Tapete: Ikea, „Brakig"-Kollektion, je 8 Euro, **11** Gelbes Drahthaus: Tiger, 3 Euro, **12** Holzhaus: Dänisches Bettenlager, 5 Euro, **13** Tablett: Ikea, 4 Euro

14 Vier Bilder an der Wand: Rahmen von Ikea, je 2 Euro, gefüllt mit Drucken aus der Zeitschrift „Flow", **15** Vier Kissen: Pad im Sale, je 4 Euro, **16** Kalender: Depot, 5 Euro, **17** Boxspringbett: FTM-SB-Möbellager, 370 Euro

Die große Hängelampe im Industrie-Look ist ein leuchtendes Beispiel für den schlichten skandinavischen Stil.

DIY

Ein Reststück eines Kupferrohrs, das auf der Baustelle lag, habe ich mit einer Schnur versehen und zum Zeitschriftenhalter umfunktioniert. Ein schnelles DIY-Projekt, das praktisch ist, fast nichts kostet und das Trendmaterial Kupfer ins Spiel bringt.

TAUSENDUNDEINE NACHT

728 Euro
Interieur für 34,3 m²

Treten Sie ein und lassen Sie sich verführen von orientalischem Flair mit einem Hauch von Boheme.

Märchenhaft-bezaubernd, dabei aber leicht und beschwingt – damit ist das Ambiente dieses Apartments perfekt beschrieben. Für die orientalisch angehauchte Stimmung habe ich sanfte, und doch sehr lebensfrohe Farben gewählt: Hellblau, Apricot und Dunkelrot.

Ausgangspunkt für die Farbgestaltung war die wunderschöne fuchsiafarbene Tapete mit türkisen Kolibris von Jette Joop. Nachdem ich sie bei einem Händler zum absoluten Schnäppchenpreis entdeckt hatte, war klar: Die kommt ins Schlafzimmer!

Eine Wand mit einer solch dramatischen „Bekleidung" wirkt wie ein Kunstwerk – da kann man auf weitere Bilder fast verzichten. Einige der Vögel auf der Tapete sind in Apricot gehalten. Diesen frischen Farbton wählte ich für zwei Wände im Wohn-Ess-Bereich. Betritt man die Wohnung, sieht man gleichzeitig die tapezierte Schlafzimmerwand und die farblich passenden vorderen Wände, sodass sofort ein umwerfender Gesamteindruck entsteht. Über ein Inserat bei Ebay Kleinanzeigen bin ich an die süße hellblaue Wollcouch gekommen, die einen so wunderbaren Kontrast zu der apricotfarbenen Wand bildet. Um der Wohnung der gewünschten orientalischen Touch zu verleihen, habe ich über dem Sofa bunte Flickenteppiche an die Wand gehängt. Wandteppiche erleben gerade ein Revival – und das völlig zu Recht, denn sie zaubern im Handumdrehen eine anheimelnde Atmosphäre! Dabei ist es unwichtig, ob es handgeknüpfte Wandteppiche sind oder wie hier einfache Flickenteppiche. Zur thematischen Vervollständigung habe ich noch zwei marokkanische Metalllaternen vom Trödel daneben arrangiert – perfekt. Das zierliche 60er-Jahre-Sideboard vom Sperrmüll und der kleine quadratische Ikea-Tisch passen sich unaufgeregt der Einrichtung an.

Da für Wohnen, Kochen und Essen lediglich ein Raum zur Verfügung steht, wollte ich die unterschiedlichen Bereiche optisch trennen. Außerdem fehlte noch Stauraum für Geschirr sowie ein Stellplatz für das TV-Gerät. Mit einer simpler Idee schlug ich zwei Fliegen mit einer Klappe: das Oberteil eines alten Küchenbüfetts fungiert jetzt als Raumteiler und dient zugleich der Aufbewahrung. Damit es farblich passt, wurde das ehemals dunkelbraune Holz hellblau lackiert. Die alten Rosendrucke, die den Essplatz einrahmen, sind ein Flohmarktfund.

Eine meiner liebsten Wohnungen im Glückshaus. Ich liebe die Farben und die unkonventionelleren Accessoires wie die Wandteppiche und die marokkanischen Laternen.

TIPP

Wow! Die Tapete reißt einen vom Hocker! Seien Sie mutig und trauen Sie sich, eine prägnante Tapete zu wählen. Das Zimmer wirkt danach gleich wie „angezogen". Passen Sie im übrigen Raum anschließend die Farben an. Mehr als ein Bild müssen Sie an eine solch farbenfrohe Wand nicht hängen.

Der geschwungene Korbstuhl ist eine prima Ablage und verleiht durch Form und Farbe ein bisschen Prinzessinnen-Gefühl.

Einen hellen und einladenden Essbereich wollte ich hier schaffen. Dank der gestickten Rosenbilder vom Trödel und dem „Scherenschnitt" aus Messing wirkt er wie ein Ort aus einem Märchen.

TAUSENDUNDEINE NACHT

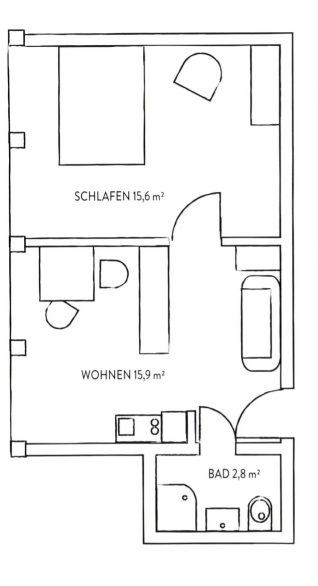

TIPP

Der umfunktionierte Vitrinenschrank dient als Raumteiler und Ablagefläche. Er trennt den Essbereich vom Wohnbereich, sieht klasse aus und bietet viel Platz für Schönes. Einfach das Oberteil von einem Küchenbüfett abnehmen, lackieren und auf dem Boden platzieren.

GESAMTBUDGET

KOSTEN: 728 EURO **1** Zwei Flickenteppiche: NKD, je 2 Euro, **2** Zwei marokkanische Laternen: Flohmarkt, je 5 Euro (ähnliche gesehen bei Octopus), **3** Couch: gebraucht über Ebay Kleinanzeigen, 180 Euro (ähnliche gesehen bei Maisons du Monde), **4** Zwei Kissen: Marks & Spencer, je 10 Euro, **5** Kupferlampe: Xenos, 25 Euro, **6** Hocker als Couchtisch: Flohmarkt, 3 Euro

7 Drei Rollen Jette-Joop-Tapete: Farben Felber im Sale, je 8 Euro, **8** Vorhänge „Merete" und „Vivan": Ikea, 30 Euro und 15 Euro, **9** Blaue Stehlampe: Impressionen, aber gebraucht gekauft, 10 Euro, **10** Cordbett: FTM-SB-Möbellager, 200 Euro, **11** 60er-Jahre-Bild: Flohmarkt, 3 Euro, Rand neu lackiert, **12** Korbsessel: Grümel Sammelsurium Zentrum, 7 Euro (ähnliche gesehen bei Ikea), **13** Kleiderschrank „Aneboda": Ikea, 69 Euro

14 Tisch „Melltorp": Ikea, 39 Euro, **15** Zwei Klappstühle: Ebay Kleinanzeigen, je 4 Euro, **16** Drei Stickbilder: Flohmarkt, zusammen 6 Euro, **17** Hellblauer Vitrinenschrank: Haushaltsauflösung, 20 Euro, plus Lack, 5 Euro

Nicht im Bild: Regal: Möbellager, 50 Euro

VINTAGE MODERN

879 Euro
Interieur für 31,2 m²

„Warm und einladend sieht es hier aus", so der O-Ton der Besucher dieser Wohnung im bunten Vintage-Design.

E in nachtblaues Schlafzimmer und ein Wohnraum in leuchtendem Orange – das ist die Bühne für die Möbel und Gegenstände in diesem Apartment. Das zentrale, alles bestimmende Stück ist das sehr gut erhaltene Sofa „Lilberg", ein Ikea-„Oldtimer", den ich bei Ebay Kleinanzeigen aufgestöbert habe. Wegen seiner sehr schlichten Form und des auffälligen Bezugs mit Blumenmuster schloss ich es sofort ins Herz. Es eignet sich ausgezeichnet für kleinere Wohnräume, da es durch sein Holzgestell sehr graziös wirkt und trotzdem – kommt mal ein Übernachtungsgast – auch zum Schlafen genutzt werden kann. Da mir die orangefarbenen Elemente im Bezugsstoff besonders gefielen, wählte ich für die dahinterliegende Wand genau diesen Ton. Für den Rest des Raums orientierte ich mich an den weiteren Stofffarben Weiß, Grau und Schwarz. Wenn ein Möbelstück eine so dominante Farbpalette vorgibt, sollte sich der Rest des Raums dem unterordnen. Dann wird alles hübsch melodisch. Die Bilderleisten, die hinter der Couch und auch im Schlafzimmer hängen, gibt es schon einige Jahre im Ikea-Sortiment. Ich mag sie gern, denn sie bieten die Möglichkeit, im Handumdrehen eine Veränderung herbeizuführen, ohne die Wand durch Nägel für neue Bilder zu „durchlöchern". Ein Spitzenequipment also für Menschen, die gern umdekorieren! Die Bilder sind alle mit Tonpapier, Schere und Kleber selbst gestaltet. Ideen für Motive findet man in reicher Fülle in Zeitschriften, Büchern oder im Internet. Der 70er-Jahre-Teller in der gleichen Farbe ist eine schöne Deko-Ergänzung. Ein Teppich vor der Couch ist meiner Meinung nach ein Muss – so stehen die eigenen Füße warm, während man auf dem Sofa sitzt, außerdem ergibt sich dadurch für das Auge eine eingefasste „Wohn-Insel". Der ganze Wohnraum wirkt mit seinem Orange belebend, während das Schlafzimmer seiner Funktion entsprechend mit dem Nachtblau einen sehr beruhigenden Eindruck macht. Als Wandschmuck neben dem Bett wählte ich einen Druck vom Flohmarkt, dessen Rahmen farblich exakt zum Vorhangstoff passt. Die Nachttische sind beides Vintage-Stücke: Der Hocker fiel mir bei einer Postfilialenauflösung in die Hände, das kleine schwarze Tischchen ist ein Flohmarktfund.

Sattes Orange mit Schwarz und Weiß wirkt gastfreundlich und modern. Das Muster der Couch gibt die Stimmung des Raums vor.

Liebevoll ausgesuchte Deko-Teile, die meisten sind Flohmarktfunde, ergänzen das Ambiente. Ich habe mich für Bilderleisten über der Couch entschieden, da geht das Umdekorieren ganz leicht. Die Vogelfedern sehen wunderschön aus und sind eine kostenlose Deko, die bei Spaziergängen gesammelt wurde.

Die mitternachtsblaue Wand ist ein toller Kontrast zur bunten, grafischen Bettwäsche. Ein Hocker als Nachttisch ist klasse, besonders wenn er aus einer alten Postfiliale stammt.

TIPP

Streichen Sie ein Stück Ihrer Wand mit schwarzem Tafellack! Darauf können Sie nette Sprüche, Erinnerungen oder Einkaufslisten schreiben – oder auch Liebesbotschaften hinterlassen. Wenn Sie diese „Tafel" im Essbereich integrieren, unterteilt sie außerdem die verschiedenen Wohnbereiche und gliedert den Raum. Tafellack ist im Internet oder im gutsortierten Bastelladen erhältlich.

VINTAGE MODERN

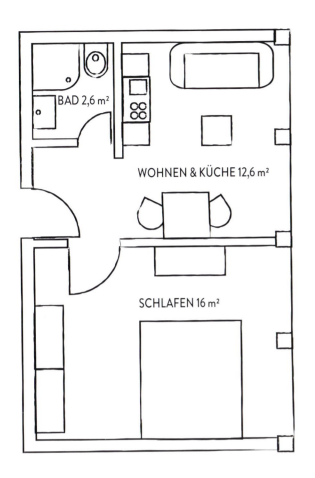

Das edle 60er-Jahre-Sideboard aus Teak war ein absoluter Glücksfund. Es stand auf der Straße und wurde ganz knapp vor der Müllpresse gerettet. Ich habe es mit ein wenig Möbelpolitur aufgefrischt. Das spart Ressourcen und ist jedem neuen Möbelstück vorzuziehen.

GESAMTBUDGET

KOSTEN: 879 EURO **1** Bilder: Rahmen Flohmarkt, Inhalt DIY, zusammen 8 Euro (ähnliche Prints über Human Empire Shop), **2** Wandteller: Flohmarkt, 2 Euro, **3** Zwei Bilderleisten: Ikea, je 9 Euro, **4** Couch „Lilberg": Ikea, gebraucht gekauft über Ebay Kleinanzeigen, 80 Euro, **5** Teppich: bonprix, 40 Euro, **6** Couchtisch „Lack": Ikea, 10 Euro

7 Blaue Glasvase und Tablett: Flohmarkt, je 2 Euro, **8** Holzdose: Herberts kleine Manufaktur, 5 Euro, **9** Kerzen mit Nummern: H&M Home, zusammen 4 Euro, **10** Becher mit Federn: Flohmarkt, 1 Euro (Federn beim Spazierengehen gefunden), **11** Gardinen „Vivan" und „Werna": Ikea, 15 Euro und 30 Euro, **12** Bild: Flohmarkt, 5 Euro, **13** Boxspringbett: Ikea, 350 Euro, **14** Bettwäsche: Depot im Sale, 20 Euro, **15** Kissen: Marks &Spencer, 15 Euro, **16** Hocker als Nachttische: Postfilialenauflösung und Flohmarkt, 5 Euro und 3 Euro, **17** Nachttischlampe: Ikea, 4 Euro, **18** Bilderleiste: Ikea, 9 Euro

19 Wandtafel: mit Tafellack eine Wandfläche gestrichen, ca. 15 Euro für die Farbe, **20** Gestreiftes Kissen: H&M Home, 8 Euro, **21** Tisch: FTM-SB-Möbellager, 60 Euro, **22** Zwei Stühle: FTM-SB-Möbellager, je 15 Euro , **23** 60er-Jahre-Sideboard: Sperrmüllfund (ähnliche gesehen bei Ebay)

Nicht im Bild: Zwei Kleiderschränke „Aneboda": Ikea, je 69 Euro

BÄREN-HÖHLE

966 Euro
Interieur für 39,9 m²

Naturfreunde aufgepasst. Hier wird es mit Rattan, Holz und Korb so richtig gemütlich.

Ein Wald gleich hinter der Couch? Das geht – mit einer Tapete mit aufgemalten Birkenstämmen aus der „Schöner Wohnen"-Kollektion. Sie muss unregelmäßig mit schwarzen Elementen tapeziert werden, damit es wie ein Wald wirkt.

Namensgeber für diese Wohnung sind die kuriosen Kissen mit Bärenköpfen. Sie wirken so täuschend echt, dass man im ersten Moment tatsächlich meinen könnte, auf dem Sofa hätte es sich ein Bärenpaar bequem gemacht. Und was braucht ein Bär, damit er sich heimisch fühlt? Viel Natur und viel Holz! Deshalb geben in der „Bärenhöhle" natürliche Materialien wie Bambus und Rattan den Ton an. Das erste Stück, das ich für dieses Apartment fand, war das große Bambus-Regal aus den 70er-Jahren. Es stand im Gebrauchtmöbelladen bei mir um die Ecke – Liebe auf den ersten Blick! Das war die perfekte Ausgangsbasis für das gewünschte Design im Naturlook. Im Wohnzimmer simuliert jetzt eine schwarz-weiße Tapete mit Birkenstämmen einen Wald. Davor musste unbedingt eine helle Couch, um einen schönen Kontrast zu erzielen. Sämtliche Kissen habe ich bei H&M Home im Sale gefunden. Alle übrigen Möbel im Wohnbereich sind aus Rattan: ein kleines Hängeregal und ein Beistelltisch, beides vom Flohmarkt, und der runde Teppich aus der „Nipprig"-Kollektion von Ikea. Gegenüber dem Sofa steht nun das riesige Bambus-Regal, das fast die komplette Deckenhöhe ausnutzt. Zum Glück sind die Räume in dieser Wohnung überdurchschnittlich hoch! Bei den Wandfarben bin ich im Bereich Weiß-Grau-Schwarz geblieben und die Deko hält sich ebenfalls daran. Im Schlafzimmer geht es ähnlich natürlich zu, nur dass hier noch ein Grünton Einzug gehalten hat. Das Bett ist gebraucht gekauft und wird von zwei großen Rattan-Körben „bewacht". Diese ersetzen die Nachttische und beherbergen alles, was man so in Bettnähe benötigt. Das ist sowohl eine günstige als auch überraschende Alternative zu Nachtschränkchen.

BÄRENHÖHLE

TIPP

Wenn man kleinere Einrichtungsgegenstände und größere Möbelstücke mixt, die aus demselben oder einem ähnlichen Material bestehen, wie hier Rattan und Bambus, ergibt sich ein stimmiges Gesamtbild. Da ist es ganz egal, woher die Teile stammen, ob sie alt oder neu sind und ob ihre Formen zusammenpassen.

Kupfer, Ocker und Naturtöne – in diesem Ambiente kann man genüsslich speisen.

Warmes Grau und viele natürliche Materialien wie Rattan und Bast bilden die Basis für ein trautes Heim, in dem man sich tierisch wohlfühlen kann.

An der erbsengrünen Wand hinter dem Bett hängen gerahmte Spruchkarten in Schwarz-Weiß. Da kann man sich schon beim Aufstehen das Motto des Tages aussuchen.

BÄRENHÖHLE

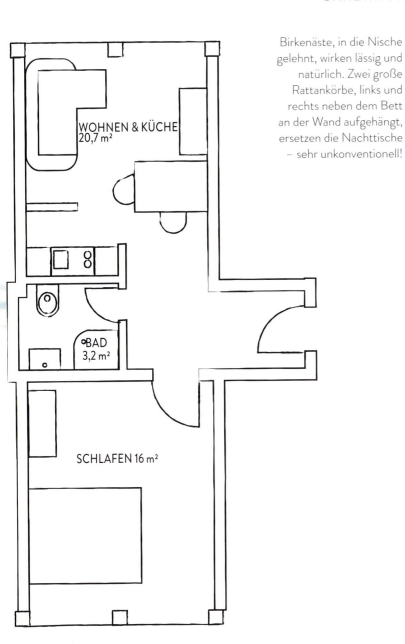

Birkenäste, in die Nische gelehnt, wirken lässig und natürlich. Zwei große Rattankörbe, links und rechts neben dem Bett an der Wand aufgehängt, ersetzen die Nachttische – sehr unkonventionell!

GESAMTBUDGET

KOSTEN 966 EURO **1** Kleines Rattan-Hängeregal: Flohmarkt, 4 Euro, **2** Zwei Rollen Wald-Tapete aus der „Schöner Wohnen"-Kollektion: Farben Felber, je 21 Euro, **3** Alle Kissen: H&M Home, zusammen 24 Euro, **4** Sofa: FTM-SB-Möbellager, 250 Euro, **5** Kleiner Rattantisch: Flohmarkt, 5 Euro (ähnliche bei Octopus), **6** Runder Teppich: Ikea, „Nipprig"-Kollektion, 6 Euro

7 Orangefarbene Kanne: Stelton, aber gebraucht gekauft, 10 Euro, **8** Geschirr: Ikea, zusammen ca. 14 Euro, **9** Honigfarbene Vase: Flohmarkt, 2 Euro, **10** Zwei Kupferbecher: Flohmarkt, zusammen 2 Euro (ähnliche bei H&M Home), **11** Bambusregal: Grümel Sammelsurium Zentrum, 70 Euro, **12** Tisch: tedox, 30 Euro, **13** Zwei Stühle: tedox, je 10 Euro, **14** Bild: Flohmarkt, 6 Euro, **15** Hut: Ikea, „Nipprig"-Kollektion, 2 Euro

16 Neun Bilder über Bett: Ikea-Rahmen, je 2 Euro, mit Prints aus Abreißblock von TK Maxx, 14 Euro, **17** Bett: Ebay Kleinanzeigen, 200 Euro, **18** Bettwäsche: Ikea, 20 Euro, **19** Körbe: Ikea, „Nipprig"-Kollektion, je 10 Euro, **20** Kommode „Malm": Ikea, 49 Euro, **21** Lampe: Sperrmüll

Nicht im Bild: Garderobenhaken: Ikea, „Nipprig"-Kollektion, 8 Euro; Kleiderschrank: FTM-SB-Möbellager, 110 Euro; Gardine „Merete": Ikea, 40 Euro

VERGNÜGTER HOLLAND-STYLE

Hier müssen sich die Teller nicht in der Spüle stapeln, sondern dürfen sich kunstvoll auf der Wand ausbreiten. Wie schön!

725 Euro
Interieur für 34,8 m²

Delfter Keramik hat eine lange Tradition und ist aus niederländischen Haushalten nicht wegzudenken. Diesen Inbegriff des „Holland-Styles" hat ein einheimischer Hersteller aufgegriffen, um eine besonders raffinierte Tapete mit Wandteller-Aufdruck zu gestalten. Eine grandiose Idee, erleben Wandteller doch gerade eine Renaissance. Diese blau-weiße Tapete ist für mich ein Deko-Highlight schlechthin. Gleich beim Betreten der Wohnung lässt dieser charmante und humorvolle Wandschmuck den Besucher schmunzeln. Die klassischen Motive und Farben der Teller geben die Gestaltung der Räume vor. Für den Rest der Einrichtung habe ich mich für die Kombifarben Rot und Schwarz/Grau entschieden. Das rote Metall-Sideboard aus der „PS"-Kollektion von Ikea gibt es schon seit vielen Jahren. Hier hatte ich Glück, denn ich konnte es gebraucht erwerben. Es dient als schickes Aufbewahrungsmöbel und ist Stellplatz für den Fernseher, direkt gegenüber der Rattan-Bank und dem bequemen Boxspringbett. Daneben steht eine alte Blumenbank im gleichen Rot die einer Zimmerpflanze optisch auf die Sprünge hilft. In einem Möbellager für Einrichtungsgegenstände mit kleinen Macken habe ich den schwarzen Holztisch entdeckt. Die Arbeitsfläche lässt sich sogar ausziehen, wenn man Gäste bewirten will. Er wurde erst auf meine dringliche Nachfrage zum Verkauf freigegeben, da er den Handwerkern als Arbeitstisch diente. Dementsprechend weist er schon viele Gebrauchsspuren auf, die ihn aber für meinen Geschmack nur noch schöner machen. Sollte man ihm doch irgendwann einen neuen Anstrich verpassen wollen, wird das problemlos machbar sein, da er aus Massivholz besteht. Mit einer furnierten Oberfläche dagegen ist ein Umlackieren fast nicht möglich – das sollte man beim Kauf im Hinterkopf behalten. Die messingfarbene Garderobe hing vormals als Gepäckablage in einem mittlerweile nicht mehr existenten Zugabteil. Ein großartiger Flohmarktfund, an dem man nicht nur seine Jacken aufhängen kann sondern – wie hier geschehen – auch eine Blumenampel aus Makramee. Dekoriert mit hübschen Blümchen ein wirklich netter Blickfang!

Eine alte Gepäckablage aus einem Zug, gefunden auf dem Flohmarkt, kümmert sich um die Jacken. Und gern auch mal um trendige Deko-Ampeln mit Blümchen.

VERGNÜGTER HOLLAND-STYLE

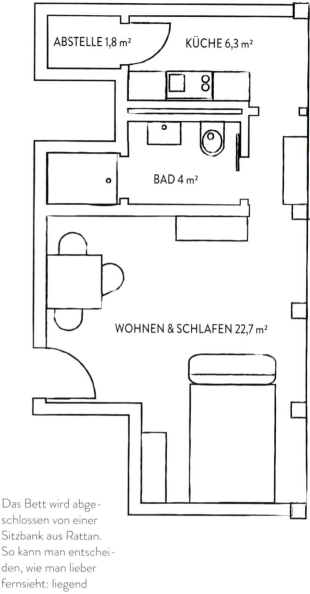

Das Bett wird abgeschlossen von einer Sitzbank aus Rattan. So kann man entscheiden, wie man lieber fernsieht: liegend vom Bett aus oder im Sitzen auf der Bank.

GESAMTBUDGET

KOSTEN: 725 EURO **1** Schwarzer Esstisch: FTM-SB-Möbellager, 40 Euro, **2** Hocker mit blauem Fellbezug: Flohmarkt, 3 Euro, **3** Zwei Stühle: tedox im Sale, je 10 Euro, **4** Drei Rollen Wandteller-Tapete: Farben Felber, je 21 Euro, **5** Garderobe: Flohmarkt, 8 Euro, **6** Hängeblumenampel: Urban Outfitters, 5 Euro, **7** Blumenübertopf: Flohmarkt, 1 Euro

8 Boxspringbett: FTM-SB-Möbellager, 350 Euro, **9** Stehlampe: Ikea, aber gebraucht gekauft, 15 Euro, **10** Bettwäsche: NKD, 7 Euro, **11** Rattan-Bank: FTM-SB-Möbellager, 60 Euro, **12** Drei Kissen: NKD, je 2 Euro, **13** Leerer Bilderrahmen: Flohmarkt, 2 Euro, **14** Zwei rote „Billy"-Regale: Ikea, je 30 Euro, **15** Rote Kommode: Ikea, „Trysil"-Serie, 40 Euro, **16** Gardine „Merete": Ikea, 30 Euro, **17** Rotes Sideboard: Ikea, „PS"-Kollektion, aber gebraucht gekauft, 10 Euro

Nicht im Bild: Rote Blumenbank: Flohmarkt, 5 Euro

Rot, Blau und Schwarz mit viel Weiß – eine tolle Kombi. Versuchen Sie in dieser Farbfamilie zu bleiben, sonst kommt die quirlige Tapete nicht genügend zur Geltung.

TIPP

Schneiden Sie aus Tapetenresten einzelne Wandteller aus und bringen Sie sie mit Tapetenkleister auf den nicht tapezierten Wänden an. Halbieren Sie auch einige Teller und kleben sie an Eckkanten. Sie können stattdessen auch übrig gebliebene Tapetenstücke einrahmen und so das Muster an gegenüberliegenden Wänden wiederholen. Ein kleines lustiges Deko-Element ist zudem der leere Bilderrahmen: Er setzt die Tapete dahinter noch mal extra in Szene.

WOHNGLÜCK MAL ZWEI

1.488 Euro

Interieur für 69,9 m²

Viel Liebe, viel Farbe und viele unkonventionelle Details – so entstand eine individuelle und flippige Wohngemeinschaft.

Hier herrscht absoluter Ausnahmezustand! Bei dieser Wohnung, der größten im ganzen Haus, haben wir es mit einer Wohngemeinschaft für zwei Personen zu tun. Es handelt sich also genau genommen um zwei Wohneinheiten. Deshalb platzt das Apartment auch aus allen Nähten – flächenmäßig und auch in Sachen Budget: da es ja noch ein zweites Schlafzimmer einzurichten galt, musste ich auch das eigentliche Maximum von 1.000 Euro etwas aufstocken

Eine bunte, fröhliche Behausung mit Hippieflair – die wollte ich hier erschaffen. Mein Hauptaugenmerk galt zunächst dem langen Flur. Grundsätzlich bin ich der Meinung, dass der Eingangsbereich jeder Wohnung schon viel Eindruck machen sollte. Deshalb habe ich hier für großes Tamtam gesorgt. Für die Wände wählte ich Blau – eine theatralische Kulisse für viele schöne Bilder und Spiegel, die vor der dunklen Wand richtiggehend herausstechen. Günstige Rahmen, mit oder ohne Prints, und Spiegel verschiedenster Formen ergeben ein imposantes Gesamtbild.

Im Wohnzimmer steht eine große Eckcouch aus dem Gebrauchtmöbelladen. Sie hält sich mit ihrem schwarz-grau-melierten Bezug vornehm zurück und kann mit bunten Kissen jederzeit neu interpretiert werden. Die Dreisatz-Acryltische waren ein Jubelfund bei einer Haushaltsauflösung. Solche modernen Klassiker passen einfach zu allem. Genauso verhält es sich mit dem String-Regal an der Wand. Sollten Sie eines auf dem Flohmarkt entdecken, dann greifen Sie unbedingt zu!

Eines der beiden Schlafzimmer ist in einem hellen Rosé gestrichen, bei der Einrichtung konzentrierte ich mich auf Schwarz-Weiß. Als Wandgestaltung über dem Bett habe ich drei kleine Teppiche mit auffälligem Webmuster ausgesucht – mit je 5 Euro eine supergünstige Alternative zu Bildern.

Das zweite Schlafzimmer strich ich in schwelgerischem Mitternachtsblau. Ein „Love and Peace"-Wandbanner seitlich neben dem Bett und die karierte Bettwäsche versprechen süße Mußestunden.

Ein Badezimmerregal neben dem Bett? Warum nicht – wenn es so schick aussieht wie dieses schwarze Metallregal!

Irre gemütlich! Eine leuchtend blaue Wand mit Karo-Bettwäsche, weißem Bett und „Love and Peace"- Wandbehang. Hier würde ich sofort einziehen.

TIPP

Ins Wohnzimmer gehören immer frische Blumen. Wenn Sie die Möglichkeit haben, pflücken Sie beim Spaziergang Wiesenblumen oder holen Sie sich Äste aus der Natur ins Haus. Sollten diese keine Blüten oder Blätter haben, dann hängen Sie bunte Anhänger daran. Nichts zaubert so schnell Farbe und damit gute Laune in Ihr Heim.

Unterschiedliche Stühle an einem Tisch sind mein Style-Favorit. Es sieht einfach lockerer aus, wenn alle anders sind, und schließlich sind die Menschen, die darauf sitzen werden, auch verschieden. So kann sich jeder seinen Lieblingsplatz aussuchen.

WOHNGLÜCK MAL ZWEI

DIY

Für den Flur wollte ich eine schmale Bank, damit man sich beim Schuhebinden setzen kann. Um das Budget zu schonen, kaufte ich im Möbelhaus eine Bank zweiter Wahl mit verblichenem Polsterstoff. Korrespondierend zur Wandfarbe wählte ich einen neuen Stoff aus, den ich mit dem Tacker befestigte.

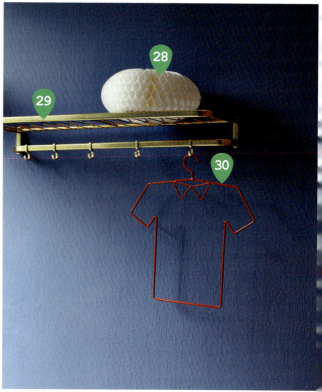

Garderobe, String-Regal und Deko-Stücke – alles Flohmarktfunde.

Die Fächer über den Türen finde ich besonders klasse. Hier macht es die Masse: Viele alte Vasen wirken in der Menge einfach schöner. So kommen sie perfekt zur Geltung.

Die rosafarbene Wand, die schwarz-weißen Details und die warmen Holztöne des Fußbodens und des Klappwagens wirken zart und träumerisch.

WOHNGLÜCK MAL ZWEI

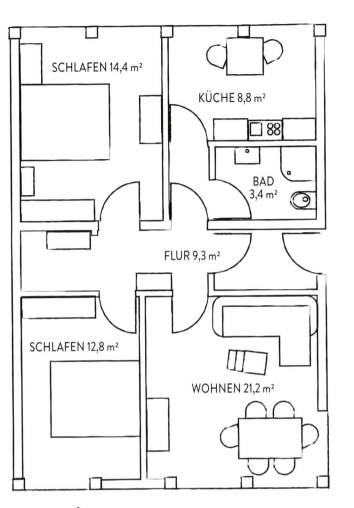

Die „Dinette" ist ein echter Tausendsassa: ein praktischer Klappwagen aus den 50er-Jahren. Er lässt sich herumfahren und da und dort einsetzen. Hier mit zartrosa Blümchen und schlichtem Holzkerzenständer dekoriert.

GESAMTBUDGET

KOSTEN: 1.488 EURO **1** Banner: Vossberg, 10 Euro, **2** Bett „Malm": Ikea, 180 Euro, **3** Blaues Mops-Kissen: Flohmarkt, 3 Euro, **4** Bettwäsche: H&M Home im Sale, 10 Euro, **5** Häkeldecke: DIY, **6** Nachttisch „Lack": Ikea, 5 Euro, **7** Kanne auf dem Nachttisch: Flohmarkt, 5 Euro

8 Alle Kerzenständer und Vasen: Flohmarkt, zusammen 10 Euro, **9** Kleines Hängeschränkchen: Flohmarkt, 5 Euro, **10** Vogelmotiv-Kissen: Ikea, 8 Euro, **11** „Love"-Kissen: KiK, 4 Euro, **12** Blättermotiv-Kissen: Ikea, 4 Euro, **13** Häkelkissen: Flohmarkt, 2 Euro, **14** Kissen mit Nostalgie-Print: KiK, 4 Euro, **15** Couch: Grümel Sammelsurium Zentrum, 200 Euro, **16** Acryltische: Haushaltsauflösung, 3er-Set 20 Euro, **17** Gardine „Merete": Ikea, 40 Euro, **18** Rosafarbener und hellblauer Stuhl: Möbelstadt Sommerlad, je 40 Euro, **19** Tisch: Möbellager, 100 Euro, **20** Zwei weiße Klappstühle: Ebay Kleinanzeigen, je 5 Euro

21 String-Regal: Haushaltsauflösung, 5 Euro, **22** Roter Hocker: Globus Baumarkt, 9 Euro, **23** Wanduhr Eule: Woolworth, 3 Euro, **24** Großer Spiegel: Flohmarkt, 7 Euro, **25** Zwei ausziehbare Kosmetikspiegel „Fräck": Ikea, je 4 Euro, **26** Alle Bilder: Flohmarkt, zusammen 20 Euro, **27** Bank: Grümel Sammelsurium Zentrum, 10 Euro, plus Stoff, 12 Euro, **28** Papierdeko: Ikea, 4 Euro, **29** Goldene Garderobe: Flohmarkt, 4 Euro, **30** Kleiderbügel in Hemd-Form: Haushaltsauflösung, 2 Euro, **31** Vasen: Haushaltsauflösung, zusammen 20 Euro, **32** Wanduhr: Ikea, „PS"-Kollektion, 30 Euro, **33** Rote Kommode „Trysil": Ikea, 60 Euro

34 Tablett-Rollwagen als Nachttisch: Flohmarkt, 7 Euro, **35** Drei Wandteppiche, ein Bodenteppich: KiK, je 5 Euro, **36** Holzhand: Hay, über Connox, 19 Euro, **37** Spruchbrett: KiK, 2 Euro, **38** Dalapferd: Flohmarkt, 4 Euro, **39** Zwei Betten „Malm": Ikea, zusammen 360 Euro, **40** Metallregal „Lerberg": Ikea, 25 Euro, **41** Bettwäsche: Dänisches Bettenlager, 10 Euro, **42** Holzkerzenständer: Herberts kleine Manufaktur, 7 Euro, **43** Vase: Flohmarkt, 2 Euro

Nicht im Bild: Zwei Schränke „Aneboda": Ikea, je 69 Euro

AUF DEN PUNKT GEBRACHT

Kleines Budget, große Wünsche – mit dieser Checkliste kommen Sie Ihrer Traum-Einrichtung garantiert ein Stück näher.

✳ Punkten Sie mit Farben und Mustern!

Besondere Aufmerksamkeit erzielen Tapeten und Textilien.

Bettwäsche zum Beispiel verleiht einem Schlafzimmer gleich einen bestimmten Charakter.

Achten Sie also beim Kauf darauf, dass sie farblich in Ihr Schlafgemach passt. Sortieren Sie notfalls Stücke aus, damit es ein harmonisches Ganzes ergibt.

✳ Sie haben sich an einem Möbel sattgesehen?

Dann verbannen Sie es nicht gleich in den Keller, sondern gestalten Sie es um, indem Sie zum Beispiel einer alten Kommode einen neuen Anstrich verpassen oder der Schublade neue Knäufe gönnen.

✳ Wenn Sie dekorieren, nehmen Sie immer eine ungerade Stückzahl an Objekten, das wirkt lebendiger.

Generell kommen Deko-Elemente oft erst in einer größeren Menge richtig zur Geltung – es sei denn, es sind besonders charaktervolle Teile, die für sich selbst stehen.

✳ Räume, in denen Sie sich täglich aufhalten, sollten Gegenstände beherbergen, die Sie und Ihre Vorlieben widerspiegeln.

Das können Fotos und DIY-Sachen genauso sein wie Urlaubserinnerungen.

▶▶

CHECKLISTE

✳ Tauschen Sie saisonal die Kissenbezüge auf Ihrer Couch.

Leichte Stoffe und fröhliche Farben für Frühling/Sommer und dunklere, kräftige Farben oder auch Strick und Samt für Herbst/Winter. Sie müssen sie nicht jedes Mal neu kaufen, sondern nur wechseln, um ein „Neu-Gefühl" zu erreichen.

✳ Besonders preiswert einrichten kann man sich, wenn man grundsätzlich im Sale kauft.

Denken Sie jetzt schon an das kommende Jahr, wenn Sie reduzierte Saisonware sehen, die Ihnen gefällt. Dann kaufen Sie beispielsweise am Ende des Sommers tolle Kissenbezüge und eine Tischdecke aus der Sommerkollektion (zum Beispiel bei H&M Home) und heben sie für das folgende Jahr auf.

Die Kollektionen variieren meist nicht sehr stark und Sie haben mindestens die Hälfte gespart. Genauso verfahren Sie auch mit Weihnachtsdeko: nach Weihnachten kaufen und für die nächste Saison aufbewahren – und freuen, wenn man es dann endlich auspacken und benutzen kann.

✳ Wenn Sie Ihre nützlichen Gegenstände schön verstauen, kann das manchmal sogar ganz die Deko ersetzen.

Schreibwaren oder Nähutensilien, aufbewahrt in einem tollen Glas, sehen richtig pfiffig aus.

✳ Schaffen Sie „Deko-Inseln".

Gruppieren Sie Ihre Schätze, statt sie überall zu verteilen, denn das wirkt schnell überfüllt und weniger spannend, als wenn man sie in Gruppen arrangiert.

✳ Zweckentfremden Sie Ihre Dinge.

So wirkt ein kleiner Teppich, den Sie an die Wand hängen oder auf die Couch legen, plötzlich ganz anders.

Nutzen Sie beispielsweise einen Stuhl als Nachttisch. Mit diesen einfachen Mitteln verleihen Sie Ihrem Zuhause eine besondere Note.

✳ Wenn Sie günstig, aber ungewöhnlich wohnen möchten, seien Sie immer auf der Pirsch.

CHECKLISTE

Stöbern Sie in diversen Möbelhäusern nach Angeboten – manchmal gibt es Jubiläumspreise. Trauen Sie sich, nach Rabatten oder Ausstellungsstücken zu fragen – oft ist die ausgeschriebene Zahl nicht der Endpreis.

✱ Stöbern Sie Ihre Tageszeitung durch, auf der Suche nach Haushaltsauflösungen.

Warum denn immer neu produzierte Möbel kaufen, wenn wir alles im Überfluss haben? Es ist viel besser, Dinge zu kaufen, die es schon gibt, das spart Ressourcen und schont Ihren Geldbeutel, zumal die Kombination aus Altem und Neuem so viel interessanter ist, als alles aus einem „Guss" zu kaufen.

✱ Lassen Sie sich nicht entmutigen, wenn eine Haushaltsauflösung nicht das Gewünschte zu bieten hatte.

Man kann nie wissen, was einen erwartet. Es ist wie eine Wundertüte.

Handeln Sie hier mit dem Besitzer, aber bleiben Sie fair. Meist freuen sich die Verkäufer auch, wenn man sich für die Geschichte hinter den Möbeln interessiert und Sie erfahren ungeahnte Details aus der Vergangenheit.

✱ Seien Sie nicht allzu kritisch, was Gebrauchsspuren bei alten Möbeln anbelangt.

Natürlich wird es auf einem Vintage-Stuhl, der vielleicht schon 50 Jahre „besessen" wurde, einige Kratzer geben, oder ein Bein muss festgezogen werden.

Das macht nichts, ganz im Gegenteil: Er ist eben „abgeliebt", weil er vielleicht in der Vergangenheit jemandem viel bedeutet hat, und nun wird der Stuhl Sie glücklich machen, weil er Ihr Zuhause verschönert.

✱ Gehen Sie in Baumärkten auf die Suche nach Tapeten.

Trauen Sie sich an solche mit Mustern heran. Es gibt spektakuläre Tapeten, die pro Rolle nicht mehr als 20 Euro kosten.

Oder Sie haben Glück und bekommen eine Vorjahresware zum halben Preis oder Rollen aus der Ausstellung, die reduziert sind.

Fragen Sie nach Tapetenbüchern vom Vorjahr, daraus können Sie sich die schönsten Musterstücke aussuchen und entweder einrahmen oder als Tapeten-Patchwork an eine Wand hängen. Meistens werden diese Bücher verschenkt.

✳ Suchen Sie im Internet nach einem Gebrauchtmöbelmarkt in Ihrer Nähe.

Dort können Sie Dinge, die Sie nicht mehr benötigen, hinbringen und spenden, oder natürlich umgekehrt selbst für kleines Geld fündig werden.

Gerade gebrauchte Kleinmöbel wie Couchtische, Blumenbänke, Kommoden oder Lampen haben den gewünschten Shabby-Schick.

Kombinieren Sie dazu neue Möbel, und Sie haben einen spannenden Wohnstil, der Persönlichkeit zeigt.

✳ Wenn Sie im Ausland Urlaub machen, gehen Sie dort mal in einen Farb- und Stoffladen und schauen sich das Sortiment an.

Sie werden erstaunt sein, was Sie dort finden! In den Niederlanden oder in skandinavischen Ländern gibt es sehr viel unkonventionelles Design, beispielsweise eine ganz andere Farbpalette bei Wandfarben und Tapeten – oft auch günstiger als hier bei uns.

Kaufen Sie sich dann dort, was Ihnen gefällt, dann haben Sie eine schöne Urlaubserinnerung, wenn Sie zu Hause auf Ihre Wände schauen.

Das Gleiche gilt übrigens auch für Stoffe, Geschirr und Haushaltsgegenstände.

CHECKLISTE

✳ Besuchen Sie Flohmärkte.

Halten Sie Ausschau nach Dingen der besonderen Art, oder nach etwas, das sich einfach umgestalten lässt.

✳ Fragen Sie Freunde, Verwandte oder Bekannte nach Möbeln, die nicht mehr gebraucht werden.

Fast jeder hat noch Dinge im Keller oder auf dem Speicher, die er nicht mehr benutzt.

Oft werden diese Sachen verschenkt und bekommen dann von Ihnen ein schnelles Make-over in einer neuen Farbe.

Vergessen Sie dabei nicht, dass zum Beispiel ein antiquierter schrulliger Sessel zwischen weiterem alten Krimskrams auf dem Dachboden vielleicht nicht sehr attraktiv wirkt, aber in einem ganz anderen Kontext – etwa neben einer modernen Ledercouch – plötzlich eine völlig andere Ausstrahlung bekommt.

✳ Schauen Sie nach Geschäften, die Möbel mit kleinen Macken verkaufen.

Da gibt es vielleicht auch Möbel aus Katalogen, die zurückgeschickt wurden oder Möbel aus der Vorsaison.

Dort kann man gute Schnäppchen machen und findet sehr oft hochwertige Einzelteile dazwischen.

Natürlich ist bei alledem auch eine Portion Glück nötig. Geduld zahlt sich hier ebenfalls aus.

✳ Durchstöbern Sie zusätzlich auch die Kleinanzeigen im Internet.

Dort können Sie stichwortgezielt vorgehen, falls Sie etwas ganz Bestimmtes suchen.

✳ Achten Sie generell auf Ordnung.

Wenn Sie ein Zuhause haben, das sehr stark dekoriert ist, dann räumen Sie Alltägliches lieber außer Sichtweite, sonst wird es schnell zu unruhig.

Haben Sie hingegen eine puristisch eingerichtete Wohnung, kann sogar ein hübscher Besen wie eine Kunstinstallation wirken.

DANK

TAUSEND DANK an meinen Mann Horst, der mich voll unterstützt hat, als er gemerkt hat, dass ich es mit diesem Projekt ernst meine. Danke dafür, dass Du des Öfteren Möbelstücke vom Sperrmüll angeschleppt hast und meine stressbedingten Launen ertragen hast.
Ebenfalls danke an meine Kinder – für Eure Geduld!
Ein großes Danke an meine Eltern, die immer an mich glauben und mir bei der Kinderbetreuung tatkräftig unter die Arme greifen.
Danke an Thorsten und Holger Vogt von der Deutschen Glücks-Stiftung. Ihr habt mir das Projekt „Glückshaus" übergeben und mir Euer vollstes Vertrauen geschenkt. Meine manchmal ungewöhnlichen Ideen und Vorschläge konnten Euch nicht abschrecken. Ihr habt alles dafür getan, mich mit diesem Projekt glücklich zu machen! Und auch Eure Mieter macht Ihr mit Eurem Wohnkonzept www.deutsche-gluecks-stiftung.de glücklich: Die möblierten Apartments gehen weg wie warme Semmeln!
Ein großes Dankeschön an alle Handwerker des Glückshauses. Am Anfang war ich Euch sehr willkommen und dann habt Ihr des Öfteren geflucht, wenn es keine Standardmöbel in kleinen Päckchen waren, die Ihr schleppen durftet. Ihr habt meine Wünsche prima umgesetzt. Es macht Spaß, mit Euch zu arbeiten.

DANKE auch an zwei besondere Freundinnen: Tanja Abeln-Bil – Du hast mir wunderbare Dienste geleistet und prima mit mir dekoriert. Und Katharina Pasternak – Du hast mich erst so richtig auf die Idee für dieses Buch gebracht.
Bei meinen Schwestern Annabell und Jeanett bedanke ich mich für das fast tägliche Motivieren.
Vielen Dank an meine Blog-Leser. Durch Eure Kommentare habt Ihr mich motiviert, weiterzumachen und an mich selbst zu glauben.
Danke an mein uraltes und immer verdrecktes Auto. Du hast die ganze Zeit durchgehalten und sämtliche Möbel und das gesamte Dekozeugs von A nach B gefahren.
Ebenfalls danke an alle Mieter! Es ist wunderbar, dass Ihr es erlaubt habt, die Wohnungen zu fotografieren.
Ein großes Danke an die tollste Fotografin überhaupt. Liebe Brita Sönnichsen, die Arbeit mit Dir war superschön, entspannt und angenehm. Ich hätte mir keine bessere Fotografin wünschen können.
Ich bedanke mich bei Frau Simone Ehmann vom Callwey Verlag, die erst kurz vor Schluss mit ins „Buchboot" gekommen ist und noch viele gute Ideen hatte – vielen Dank!
Ein herzliches Dankeschön geht auch an meine Lektorin Melanie Schlachter-Peschke – Du hast sowohl Dein textliches als auch innenarchitektonisches Know-how eingebracht und große Geduld mit mir gehabt.
Mein letztes Dankeschön geht an Frau Dr. Marcella Prior-Callwey. Mit diesem Buch ist ein Herzenswunsch von mir in Erfüllung gegangen. Vielen Dank, dass Sie an mich geglaubt und dieses Projekt mit realisiert haben.

HIER STÖBERE ICH GERN NACH WOHNSCHÄTZEN

„Günstig einrichten" –
die wichtigsten Adressen.

Abeln-Bil, Tanja
Designerin
www.a-coffee-to-stay.blogspot.de

Bauhaus Baumarkt
Gutenbergstraße 21
68167 Mannheim
0800-3905000
www.bauhaus.info
service@bauhaus.info

**BBKreativ,
Birgit Botzum**
Spessartstraße 1b
36043 Fulda
0661-5008161
www.bibo-kreativ.de
bibo@bibo-kreativ.de

Bolia
0172-5688055
www.bolia.com
kundenservice@bolia.com

**bonprix
Handelsgesellschaft mbH**
Haldesdorfer Straße 61
22179 Hamburg
040-64620
www.bonprix.de
service@bonprix.net

**Dänisches Bettenlager
GmbH & Co. KG**
Stadtweg 2
24976 Handewitt
04630-975579
www.daenischesbettenlager.com
info@dblzentrale.com

Depot
Gries Deco Company GmbH
Boschstraße 7
63843 Niedernberg
0800-4003110
www.depot-online.com

Farben Felber KG
Sturmiusstraße 18
36037 Fulda
0661-72025
www.farben-felber.de
info@farben-felber.de

FTM-SB-Möbelmarkt
Gröbera 2
97475 Zeil am Main
09524-5205
www.designermoebelmarkt.de

Globus Baumarkt
Leipziger Straße 8
66606 St. Wendel
06898-5150
www.globus-baumarkt.de

**Grümel Sammelsurium
Zentrum**
Steubenallee 6
36041 Fulda
0661-9029340
www.gruemel.de
moebelmarkt@gruemel.de

**HEMA GmbH & Co. KG
Deutschland**
Trentelgasse 2
45127 Essen
0201-47896113
www.hemashop.com
hemakundendienst@hema.nl

H&M Home
Hennes & Mauritz AB
Mäster Samuelsgatan 46
106 38 Stockholm
Schweden
0046-87965500
www.hm.com
info.de@hm.com

Herberts kleine Manufaktur
Onlineshop für Holzdeko
www.dawanda.com/shop/Herberts-kleine-Manufaktur

**IKEA Deutschland
GmbH & Co. KG**
Am Wandersmann 2–4
65719 Hofheim-Wallau
06192-9399999
www.ikea.com/de
kontakt.de@ikea.com

In & Out
An- und Verkauf
Georg-Stieler-Straße 5
36093 Künzell
0661-4801644

KiK24 e-Commerce GmbH
Siemensstraße 21
59199 Bönen
02383-955900
www.kik.de
kundenservice@kik24.de

Lunenburg, Petra
Onlineshop für Prints
und mehr
www.petralunenburg.com

Maisons Du Monde
Le Portereau
Route du Port Aux Meules
BP 52402
44124 Vertou Cedex
www.maisonsdumondes.com

Marks & Spencers
PO Box 3081
St. James House Moon Street
Bristol, BS2 2DB
ENGLAND
0800-1820280
www.marksandspencer.eu/de_DE
customer.service.international@marksandspencer.com

**Möbelstadt Sommerlad
Gießen**
Pistorstraße 2
35394 Gießen

0641-70030
www.sommerlad.com
info@sommerlad.com

NKD Deutschland GmbH
Bühlstraße 5–7
95463 Bindlach
089-20188840
www.nkd.de
onlineshop@nkd.de

OBI GmbH & Co. Deutschland KG
Albert-Einstein-Straße 7–9
42929 Wermelskirchen
02196-7601
www.obi.de
info@obi.de

pad home design concept gmbh
Königsberger Straße 46
86690 Mertingen
09078-9125260
www.padconcept.com
germany@padconcept.com

philuko (Julia Schenk)
www.dawanda.com/shop/philuko

ScandinavianDesignCenter
Scand. Design Online AB
Trångsundsvägen 4
SE-392 39 Kalmar
Schweden
www.scandinaviandesigncenter.de
kundenservice@scandinaviandesigncenter.de

Stoff und Stil Deutschland GmbH
Gärtnerstraße 130–140
25469 Halstenbek
04101-6019050
www.stoffundstil.de
info@stoffundstil.de

tedox KG
Verwaltung/Verkauf
An der Burg 4–8
37120 Bovenden-Harste
05593-8010
www.tedox.de
kontakt@tedox.de

Tiger Deutschland GmbH
Holm 57–61
24937 Flensburg
0461-1828466
www.tiger-stores.de

TK Maxx
TJX Deutschland Ltd. & Co. KG
Peter-Müller-Straße 18
40468 Düsseldorf
0211-88 223 267
www.tkmaxx.de
kundenservice@tkmaxx.de

Urban Outfitters Europe
c/o Stephenson Harwood
1 Finsbury Circus
EC2M 7SH Lonon
United Kingdom
www.urbanoutfitters.com
kundenservice@urbanoutfitters.de

Vintagewonderland
Onlineshop für Vintage-Sachen
www.vintagewonderland.de

Vossberg Versand
Paul-Sorge-Straße 63
22459 Hamburg
040-5559050
www.vossberg.de
shop@vossberg.de

Woolworth
Formerstraße 6
59425 Unna
02303-5938100
www.woolworth.de
info@woolworth.de

Xenos
Blokker GmbH
Friedrich-List-Straße 1
35398 Gießen
0641-6869140
www.xenos.de
kundenservice@xenos.de

Bei den Preisen handelt es sich um Circaangaben. Preise können inzwischen anders aussehen.

Für Horst, Joshua, Oskar & Otto – meine Lieblingsmänner

Die Diplom-Pädagogin und Bloggerin Julia Ballmaier lebt mit ihrem Mann und ihren drei Söhnen in Fulda. Sie arbeitet als Kursleiterin im Geburtshaus und inzwischen auch hauptberuflich als Einrichtungsberaterin. Außerdem bloggt sie täglich auf www.myhomeismyhorst.de. Ihre eigene Wohnung war bereits in mehreren Einrichtungsmagazinen, in Büchern und im Fernsehen zu sehen. Sie besitzt ein ungesunde Menge an alten Vasen.

IMPRESSUM

© 2016 Verlag Georg D.W. Callwey GmbH & Co. KG
Streitfeldstraße 35, 81673 München
www.callwey.de
E-Mail: buch@callwey.de

Bibliografische Information der Deutschen Nationalbibliothek:
Die Deutsche Nationalbibliothek verzeichnet diese Publikation in der Deutschen Nationalbibliografie; detaillierte bibliografische Daten sind im Internet über dnb.d-nb.de abrufbar.

ISBN 978-3-7667-2210-2

Das Werk einschließlich aller seiner Teile ist urheberrechtlich geschützt. Jede Verwertung außerhalb der engen Grenzen des Urheberrechtsgesetzes ist ohne Zustimmung des Verlags unzulässig und strafbar. Das gilt insbesondere für Vervielfältigungen, Übersetzungen, Mikroverfilmungen und die Einspeicherung und Verarbeitung in elektronischen Systemen.

Lektorat: Melanie Schlachter-Peschke
Gestaltung und Satz: Therese Meyer und Claudia Haas
Korrektorat: Walter Baldus
Druck und Bindung: aprinta druck GmbH, Wemding

Printed in Germany.

MAN NEHME:
EINE PRISE FARBE,
EIN QUENTCHEN FINDERGLÜCK,
EINEN LÖFFEL MUT,
EINE MESSERSPITZE GELD
UND GANZ VIEL PERSÖNLICHKEIT –
UND HERAUSKOMMT EIN ZUHAUSE,
DAS SO PERSÖNLICH IST
UND DABEI GAR NICHT VIEL KOSTET.

Julia Ballmaier